童小言 —— 著

BE YOUR OWN CAPTAIN

Self-discipline

自律力：做自己的船长

长江出版社
CHANGJIANG PRESS

图书在版编目（CIP）数据

自律力：做自己的船长 / 童小言著. -- 武汉：长江出版社, 2025.5. -- ISBN 978-7-5804-0122-9

Ⅰ.C933.41-49

中国国家版本馆CIP数据核字第2025CX4065号

自律力：做自己的船长 / 童小言 著
ZILÜLI: ZUOZIJIDECHUANZHANG

出　　版	长江出版社
	（武汉市解放大道1863号 邮政编码：430010）
选题策划	记忆坊文化
市场发行	长江出版社发行部
网　　址	http://www.cjpress.cn
监　　制	暖　暖
责任编辑	李诗琦
特约编辑	花　椒
印　　刷	三河市恒彩印务有限公司
版　　次	2025年5月第1版
印　　次	2025年5月第1次印刷
开　　本	880mm×1230mm 1/32
印　　张	7.25
字　　数	149千字
书　　号	ISBN 978-7-5804-0122-9
定　　价	56.00元

版权所有，翻版必究。如有质量问题，请联系本社退换。
电话：027-82926557（总编室）027-82926806（市场营销部）

懂人，懂事，懂规则；
轻松，快乐，有希望；
从容，花香，有暖阳；
要爱，要美，要"开挂"。

童小言

八年回望,再看我的30岁:逆风优雅

一档辩论综艺里曾探讨过一个话题:30岁时应该追求梦想,还是稳定工作?在普遍观念中,三十而立,30岁不就应该是什么都"稳定"下来的年纪吗?稳定的工作、稳定的伴侣、稳定的生活模式……现世安稳,稳稳当当。

值得玩味的是: 大家想象中的"稳定"真的存在吗?我的30岁就给了我一记重重的反思,那一年,诸多变化颠覆了我原本的生活状态。研究生毕业,结束一段婚姻,重返职场,创业……

对我而言,无论内在与外在,30岁都像是一个变革期。我相信命运在此之前,为我做好了种种铺垫,这大概就是因缘和合——我的原生家庭,我所受的教育、看过的书、行过的路、遇见过的人,塑造了我的性格和观念,而如此养成的性格和观念又让我在面

临某些选择时做出决定,这些决定又使我踏上不同的路途,前行过程中,又会形成新的观念,从而影响我做出新的选择。就是这些选择,堆叠出了我的人生。可见,每一次变革,看似意外,却都有迹可循。

出发是为了制造旅程,到达由旅程堆叠而成,所有的流逝都是永恒。

与其让境遇决定了我们,不如面对它们。我们所做的每个选择,决定了我们是谁,将去向何方。自律,也是一种选择,更是一种决定。当真正开始自律、开始"真正的自律",我才终于明白什么叫自律终得自由。

30岁是个神奇的节点——脸上尚有一些稚气,眼神里却多了许多故事。我仿佛在一夕之间走向成熟,恍然意识到:原来曾经看到过、听到过的那些圣贤古训,大多是正确的。智者道出的人生哲理,年轻人往往要自己经历,甚至要体验了挫折与疼痛,才会品味到个中深意,习得睿智与务实。

越是临近40岁,越是感叹若能早点相信并实践那些道理就好了,也越是体悟到"自律"其实是对自己的保护,是获得智慧的基石。放纵可以带来短暂的快感,但人生终究是一场马拉松,短暂的快乐不能持久,而自律带来的喜悦与成就,历久弥香。

体悟是很难说清楚的,就像不是所有的风景你都能准确地描绘给别人听一样。有一天你走在路上,经过一条清新美丽的巷子,你驻足看了两眼,拿出手机想拍下,发现手机拍不出它的美,于是放弃,但看到本身就是满足,接着,继续走路,而那条巷子的美,拍不下来,也分享不出去,只属于了自己。这就是成年人的世界,得接受"无奈、遗憾、不完美"。记得曾在台北文创园看过一位香港设计师的系列作品,名为"im perfect"[①],第一眼被我看成了"I'm perfect"(我完美),于是感叹设计师本人很自信。仔细看才发现那"i"和"m"中间没有一撇,是啊,"不完美"。

所以,我的几本书,包括这次重写,只能尽力把案例与心得分享给大家,尝试提供一个看风景的角度。如同我们看外面的风景,实则是疗愈自己的内心一样,读别人的书,悟的也还是自己的人生。倘若书中存在言辞未能尽意之处,我先表达最诚挚的歉意,未来与大家继续共成长。

自然成长所带来的改变往往较为有限,因为这是顺着自己原本的命运轨迹和习性前行。真正让我产生巨大改变的是学习圣贤智慧文化,从一开始的不以为意,到现在连自己都觉得不可思议,让我在事业、社会地位、家庭以及人际关系等方面,都获得了真正意义上的更好发展。作为受益者,我很愿意将它们分享出去。感谢读者们给予我机会,也感谢出版社愿意让我几乎重写这本书。此书若有

---

① 作品名称。

错谬，我皆忏悔，若有功德，普皆回向。

我们生活在一个科技、经济迅速发展的时代，电商、共享经济、区块链、元宇宙、数字人、VR（虚拟现实技术）、AIGC（人工智能生成内容）……一年一个热度。高新科技改变了原有的生活方式。从前，一份工作做几十年，现在跳槽是家常便饭，甚至机器人代替了相当一部分的办公室基础岗位。前两年的咖啡厅还俨然是联合办公空间，空气中飘荡着"模式""赛道""抛弃同龄人"等词汇，张口就是"几个亿的生意"，这几年也安静了许多。在信息全球化和短视频、短剧盛行的今天，我们不得不在海量资讯中提炼有效信息，以便在变幻莫测的世界中保持清晰的洞察力和顽强的适应力，然而，专注力和思考力显得越来越匮乏。

此时，自律更显难能可贵，它成为我们抵御干扰、找准方向和精进修炼的坚实基石。所谓：逻辑决定态度，态度影响行为，行为助力"打怪"，自律终得真经。

30岁时的我，日子过得算不上世人眼中的"稳定"，也有一些负面的声音。尽管逆风，但依然优雅。

叶子都是有记忆的，串成一段故事，说给路过的风听。

这本书的初次出版是在五年前，期间经过几次加印，五年后，改稿升级再版，我想把一路走来的心情和感悟，说给你们听。

目录 CONTENTS

001 第一部分
培养自律 —— 优秀源于自我管理

- 003 ｜ 那些出人头地者的成就，都源于严格的自律
- 017 ｜ 自律是管好你的嘴
- 025 ｜ 自律是不干涉别人
- 030 ｜ 自律是找到大道，予人快乐
- 036 ｜ 自律是知因果，懂选择

043 第二部分
运用自律 —— 你有多自律，就有多自由

- 045 ｜ 凡事有交代，件件有着落，事事有回音
- 064 ｜ 自律贵在持之以恒
- 079 ｜ 越自律，越幸运
- 090 ｜ 自律是有专注当下的能力
- 099 ｜ 自律的人，拥有两倍人生

107 第三部分
精进人生 —— 打造你的优质人脉圈

114 | 自律通往优秀,优秀吸引人脉
127 | 优质的环境,让自律事半功倍
146 | 自律的敌人,是"明日复明日"
155 | 阴德,人脉的硬核生产力
165 | 学会借助外力克服拖延

173 第四部分
华丽蜕变 —— 你如何过一天,就如何过一生

175 | 自律:觉知到自己的起心动念
186 | 选择:信息社会,最重要的能力是删繁就简
193 | 从容:慢慢来,有时比较快
206 | 格局:想当将军,就别用兵的思维
213 | 心态:这世界就是你和自己的一场游戏

第一部分 培养自律

——优秀源于自我管理

那些出人头地者的成就，都源于严格的自律

每个人都是独一无二的，我们的行为和选择定义了我们的道路。自律使我们的行为不是简单地模仿他人，而是在认识自己的真实本性的基础上，达到真正的自我实现和精神自由。

自律的前提是，知道自己要什么。

读研期间，我选择去法国巴黎ESCP Europe（欧洲高等商学院）——世界上第一所商学院做交换生，赴法留学的几大目的之一是找一个商业点子，没想到老天附赠给了我一份极佳的礼物——一位优秀且契合的搭档。我找到她的时候说："如果我来，是和别人做一样的事情，那我和别人还有什么区别？"言下之意是指，如果

我们来巴黎也只是上课、旅游、参加派对，过半年就回去，而不做点什么，那我们和别人还有什么区别？就是这句话，打动了她。

这要从一次去西班牙的旅行说起。当时同行的有三个女生，艺丹、玫和我，其实我的加入是个偶然，她们早已做好了所有的规划。临行前一个星期，她们在课间聊天时说起大家的旅行计划，问我要不要一起，我正好还没去过西班牙，又懒得自己做攻略，便欣然加入。

我们先是一起去了巴塞罗那，都说那是最不像西班牙的地方，却是我最喜欢的一个西班牙城市。领略高迪设计的建筑——米拉之家、巴特罗之家，在毕加索博物馆赏画，在兰布拉大道、Verdi（威尔第）步行街迈着轻快的脚步，呼吸着、感受着仿佛被艺术渗透过的空气，以及像极了电影里的阳光海岸、慢调生活，人们躺在沙滩上，享受着日光浴……

然后我们去了塞维利亚，吃着冰激凌，看着教堂附近广场上的街头艺人跳Flamenco（弗朗明哥舞）。夜晚进入一家小酒馆，内饰古朴，斑驳的白墙边靠着一台立式钢琴。酒馆里的舞蹈表演还没开始，艺丹在钢琴前坐下，为我和玫弹了一曲《虫儿飞》。壁炉、音乐、友谊……那感觉，很特别。

看完演出，一位独自旅行的女同学加入了我们的小酌。她下午才到塞维利亚。街边的咖啡厅,每一盏灯光都似乎在诉说着这座城市的故事,我们四个人围坐一桌,点了瓶Sangria①,它被誉为西班牙的国酒,不仅因为它清新的果香和给人微醺的感觉,更因为它代表着一种生活态度——享受当下,与伙伴们共享时光。

我们边喝边聊,话题自然流转到了各自的生活上。她们的故事,就像一面面镜子,照射出我对生活的态度和选择。人与人的每一次相聚,体验都不可复制,所谓"一期一会"。每次相聚也都是无数因缘和合的结果,没有一个人进入你的生活是无缘无故的。只要你具备反思能力,就会发现你的缪斯。

第二天,我们到了马德里。在那儿,我第一次遭遇了如此明目张胆的扒手。我和艺丹在前面边聊边走,突然我的挎包被拉扯了一下,我以为是挎包没扣好,想让走在后面的玫帮我扣好。刚转头,我看到的居然是三个外国女人,身材高大,举止似"太妹"。我转身的一刹那,其中一个人的手还在我的挎包里。我与她尴尬地对视了一秒,说:"先别走,让我检查一下。"看见护照和银行卡还在,我舒了一口气:幸好当时刚到马德里,还没去ATM(自动取款机)取现金。然后我笑着对她们说:"很庆幸,我没钱。"三个外国女人听罢掉头走开了,也许是知道我正看着她们的背影,走了几步后她们转身对我比了个中指……

---

① 一种源自西班牙的传统果酒饮料,发音为桑格利亚。

那次是三个小女生一起的异国旅行，是非常难得的体验，应该说我之前的人生好像还没有过那样的体验。三个人从不熟悉到熟悉，从一开始的陌生到后来的相互信任。记得当时我们要从塞维利亚到马德里，原本订的车临时被取消，实在是订不到票了，最终选择用BlaBlaCar（交通出行软件）。艺丹真的是一个大胆的北京姑娘，她的口头禅就是"没事儿"，她一说"没事儿"就让我安心。当时来载我们的司机一路上都在跟我们聊他去过哪些国家的妓院，分别是什么价钱，听得我们有点瘆得慌，尤其是车程那么长。不过他其实只是爱聊天，也真的只是坦率地在聊他喜欢的话题而已，没更多的意思。我们三个人轮流坐副驾驶位，陪他聊天，避免他因长途驾驶疲劳而打瞌睡，另外两个人也可以在后座稍微睡一会儿。最后我们安全到达了马德里，下车后，倒觉得这个体验也不错。

住在马德里的晚上，我和艺丹同一张床，开始了传说中的"女孩们的夜聊"。她在美国常春藤联盟中的Cornell University（康奈尔大学）读人力资源硕士，出国前长居北京，一口浓浓的京腔，双鱼座，过去在一家国企做HR。她是个有梦想并且敢追梦的人，就拿她赴美读研来说，准备学校申请材料的时候，她刚生完孩子。那段时间，她要边照顾小孩边备考GMAT（经企管理研究生入学考试），真不是常人能坚持的。我一直称她为"Super Mother"（超级妈妈）。

那晚卧谈，我问她以后如何打算，她笃定地回答："那我以后肯定是要自己干的。"

下一站是里斯本。从马德里到里斯本的机票，我是后来才订的，无法与艺丹她们同一班飞机，她俩清晨7点出发，而我的飞机起飞时间在晚上，因此，我多出了大半天一个人的时光。在马德里也玩得差不多了，于是我临时起意，自己坐了火车，去往距离马德里45分钟车程的一个小镇，叫Toledo。

Toledo镇很小，一个人漫步在各条小巷，不到半天时间，已来来回回走了三圈，镇上的人淳朴且友好。其实往往是大城市，如马德里、里斯本或是巴黎这样的游客集中区，治安并不那么好，像这种游客和外来移民并不多的小镇，却还保留着当地原本的味道。突如其来的雨滴从Toledo镇的上空落下，落在我的头上。我无暇找地方躲雨，思绪随着雨水的节奏越发忙碌，我思考着我的情感、学业和职涯规划。眼看留学的时间已经过了三分之一，可是商业灵感还毫无头绪。此时，一滴雨正好落在我的额头，顺着脸往下流。它像是带着某种神奇的力量开启了我的灵感，我突然想到，这两年泛娱乐、泛内容很火，我是不是可以做一档自媒体节目呢？就叫《老外奇葩说》。我所在的学校ESCP是世界顶尖的商学院之一，成立200年来，培养了无数欧洲政界及商界名人。学校以国际化为特色，有丰富的国际交流活动，每名学生要拥有一定的国际经验才能够毕业。学院的使命是培养具备多元文化背景和坚实管理知识的未来企业领导人。从世界各地来ESCP交换的我的老外同学们，都是一个个鲜活的故事库,他们来自不同的国家,拥有不同的文化背景、行业和生活经验,每个人都能带来独特的视角和思考,而且颜值还都很高。听这些"未来的商界领袖"分享他们的观点和见解,讨论中国年轻人感兴趣的话题,在国内平台播放,没准能够打破一些刻板印象,给观众带去对于常见问题更多的认知角度,拓宽思维。

有了想法,还需要团队,我脑海中蹦出了一个人:艺丹,以及她那句"我以后肯定是要自己干的"。想到我俩迥异的口音——一个上海人受环境影响带了点台湾腔,一个翘舌且后鼻音明显的京片子,邀请她加入的这个念头让我兴奋不已,顿时感觉Toledo镇的雨都下得那么轻盈。

晚上,我在里斯本和艺丹及玫会合,跟她说了我的想法。她听后,竟干脆地答应了,因为她也早有想采访老外的想法。旅行还在继续,不同的是,我们的聊天多了一块内容:怎么做好这档节目。

前一天在一家餐厅被"宰"——点菜时店员用不清晰的口音故意让我们将"70欧元"听成"17欧元",买单时才发现,但这依然没有影响我们的愉悦心情。第二天,太阳挤走了低压压的乌云,阳光洒下来的风景,给里斯本大大地加了分。广场上弹着琴的老人浅吟低唱,充满磁性的嗓音让人心旷神怡,一下子把人带入了景色中。

在亚欧大陆最西边的小镇Sintra，我们三人坐着马车，可爱的驾车老先生年轻时肯定是个特别浪漫的小伙，他突然下马，到路边摘了三朵小花送给我们，这种小惊喜很纯粹，竟然让我想流泪。我们回想起自己青春里的故事，唱起那些我们青春里的歌，真的好开心。

艺丹和玫回巴黎以后，我一个人去了趟里斯本的老城区，感受了一下错落有致的建筑以及大西洋的风。相信，回了巴黎的艺丹和还在里斯本的我，脑中仍然在思考同一个问题：怎么做好这档节目。

我回了巴黎，庆祝完她的生日，当天晚上我们开始讨论，最终达成共识：采访中国人感兴趣的、困扰着中国年轻人的话题，比如结婚要不要买房、留学到底能收获什么、要不要告诉老板他很傻、时间观念……从生活、爱情、职场、社会等方面，听听不同国家高学历年轻人的看法，没准能给国内年轻人带去多元的思考。就算这项目最后无法转换成商业，项目本身也是有意义的。由于发心①是"利他"，资源感觉像是凑齐交到了我们手上。我们甚至都不需要为采访嘉宾而苦恼，倘若其他人想要迅速集结这样一群高知老外，可能会面临挑战。而我们ESCP的洋同学们，他们来自世界各地的顶尖学府，本身就是各自国家名校中的意见领袖，这为我们的节目

---

① 佛教用语，指直心、深心、大悲心。

提供了得天独厚的优势。

艺丹的专业是人力资源，习惯在幕后，不难想象让她突然跑到镜头前主持"精神出轨和肉体出轨哪种更难以接受"这种话题，会让她多么不自在。我的专业是MBA（工商管理硕士）企业管理，主攻品牌、策略、营销方向，所以我们的分工也各有侧重。我和她其实属于各显其能，优势互补。她说我曾打动她的还有一句话："即使年纪大了，有梦想还是要去追，因为它就像鱼刺卡在喉咙，没办法忽视。"当然，现在再回过头来看这句话，我更愿意把它应用于追求更深远的"大道"或"人生的真谛"。只有当梦想与"大道"相契合，秉持"利他"的精神，追求才更有可能实现，才不太会有负面效果。否则为了"自利"而追求，看似求到了，也可能如网上写的段子那般——"北京雍和宫许愿，不包售后"。

这个经验源自我参与的多个项目。记得刚从台湾回到上海时，我投资了一个文创园区。这个项目是亏的，当然"亏"是后话，从一开始这个项目就几乎进行不下去，当时的主要股东占了大股，但不出钱。而我之所以会跌入这个坑，是因为动了贪心，贪他给我的股份溢价。虽然在经历一系列"抢救"后终于及时止损，但若不是贪心作祟，这条弯路是不必走的。要说弯路是获得经验的渠道之一，那我在这条弯路上得出的经验就是——勿贪。明明"贪"这个字眼，总是与"问题重重"相连，为什么还有那么多人相信自己能占到便宜呢？拿"许愿"来说，希望用10块钱的香火钱和菩萨置换

1000万的收益，这很难"包售后"啊。

说回巴黎的事儿。对于这档节目的后续工作，我们可谓是争分夺秒。用英文拟好所有的采访问题，提前发E-mail（电子邮件）给外国同学们，以示邀请的诚意。向学校、同学、朋友先后借了三台录影设备，和大家约定采访时间……但是，做这些事的同时，我们还不能耽误任何一堂课，相当于把课余的时间都填满了。

忙碌的过程中，越来越多的同学知道了我们这个项目，会好奇是怎么回事，也会关心进度。欣喜的是，在采访进程走了大概一半的时候，一位优秀的"90后"女生加入了我们，她就是在美国留学7年，热情、豪爽的北京姑娘Lois。她是从University of Wisconsin-Madison（美国威斯康星大学麦迪逊分校）来巴黎的交换生，主修市场营销和国际贸易，辅修法语。我的ESCP同学们好多都是"90后"，他们的优秀真是让我由衷地佩服，Lois亦是其中的佼佼者，无论是智商还是情商。可能是因为从小一个人在美国生活，需要较早独立、融入当地的生活和文化之中，这对她的人格塑造不无作用，加上她是个对自己有要求的女生，有自己的思想和处世准则，而且努力。整个《巴黎吧哩之老外奇葩说》（后面随性想了个节目名叫《巴黎吧哩》）视频的后期剪辑、制作以及特效，基本由她一人完成。好多"90后"，真的不像大家以为的那样是外强中干的"草莓族"。相反，他们很聪明，知道自己想要什么，对于喜欢的事情，他们是非常刻苦和努力的。比如Lois，不知有多少个夜晚,她都是熬到凌晨四五点钟也要把视频做完。虽然辛苦,但一起奋战做一件有意义的事情,她觉得值得。再比如我弟弟Achilles,有位受访者是韩国人,他英文不好,采访都以韩文完成,翻译工作便是Achilles主动帮忙的,他在韩国庆熙大学留学读MBA,主攻国际经济。记得在他赴韩留学一年后,他主动跟家人说:"你们以后不用给我生活费了,我自己可以赚。"

一个半月的时间,我们的身影在ESCP环绕着浓浓的法式建筑风情的校园里穿梭着,采访了来自20几个国家的30位外国同学,完成了这几乎不可能完成的任务。有位德国男生叫我"Amazing TongTong"(神奇童童),在采访他时,他还带了德国和中国的国旗拼图,以示友谊。种种细节让人暖心。

之后,要录我和艺丹的"言艺talk(谈话)",作为对每一个话题的小结。我们对于场景的选择颇伤脑筋,室外太嘈杂,无法达到很好的收音效果,又找不到有魅力的室内环境。后来艺丹在香榭丽舍大街附近找到了一套非常法式风格的公寓,它被我们一眼相中。我们订了两个晚上,从早录到晚,睡一觉,再从早录到晚……终于,我们超高效地录完了全部20期视频的"言艺talk"。在一个阳光明媚的下午,我们在埃菲尔铁塔前的草地上拍摄完成了片尾的花絮,这可以说是很"法国"了。

所以,《巴黎吧哩》团队不止4人,那30位外国同学(每位平均花费了一个小时的时间友情受访），也应属于团队的一部分。有团队的好处，就是在很累很累的时候，看到大家斗志昂扬，自己也会充满斗志，继续鞭策自己来一场和时间的赛跑。就这样，一场关于《巴黎吧哩》的缘分，让我们的法国留学时光充满了不寻常的回忆和意义。学校得知后，还发E-mail鼓励了我们，在我们之前，没有交换生做过类似的事。

幸福感，来自我们有利他的情怀，以及把情怀实现的心愿；动力，来自去找到正确的方向与目标、不断积累把心愿实现的能力，以及志同道合的伙伴。

尘世纷扰，这样的话不绝于耳："那些出人头地者的成就，都源于严格的自律。"听着有点像打鸡血。自律确实能帮助人们在各自的领域中不断攀登，但方向也很重要。所谓正确的方向，其实就是符合大道。《巴黎吧哩》有一期讲"消费观"，探讨后我们发现，"买买买"只能带来短暂的快乐，可能只在于拥有那只包的当下或者别人投来羡慕目光的一瞬间（当然这个"羡慕目光"更有可能只是你的个人感觉，说是误解也不为过），但如果花钱投资自己，去阅读、去进修，投资回报率远远高于前者。

我创立现在这个公司MUSINESS的初期，说实话，发心是为了自己功成名就。试想一下，出于这样的发心，外在的评价是不是对我来说就显得格外重要？顾了"面子"就很难顾到"里子"。可

"面子"变不了现啊，还得回归到商业的本质上来，该提需求就提需求、该面对困境就面对困境。直到我学习圣贤智慧文化，实现了心态上的转变，将儒释道文化运用于业务拓展、团队建设、企业管理与经营。我调整发心，从为了自己变成真正发自内心地为了别人。

我选择做有利于社会的事业，也就是说检视我在做的事属不属于"正命"，即正确的生计，确保不从事伤害他人或动物，或者不道德的职业。

我乐于让年轻人们可以在我们公司这个平台学到有价值的东西，获得合理且满意的回报。

如此，我才感受到全身放松、内心释然，突然体会到"但行好事，莫问前程"的意义，以及这八个字带来的由衷的轻松，正应了我常说的那句"轻松，快乐，有希望"。

尽管努力程度差不多，但仅仅因为发心的转变，一切能量仿佛都提升了，更多合作机会纷然而至，而"利他行"的当下，带来的心灵上的满足感更是让人欢喜。所以，发心的转变，看似简单，其实能带来深远的影响，因为我们的观念和心态会改变我们的行为和决策。

多数人的本能都是逐利的——追逐对自己有利的。有利的想拥有，不利的想规避。那为什么还要利他呢？其实太多大德、智者告诉过我们这个非常浅显的道理，只是我们不相信。认为那是站着说话不腰疼，认为那是"鸡汤"。稻盛和夫，日本著名企业家，以其卓越的商业智慧和人生哲学深深影响了商界。他成功创立并经营了京瓷和KDDI两家世界500强企业，并在晚年临危受命重建了日本航空公司，使其从破产的边缘恢复并重新上市。他倡导敬天爱人，数次在书里写到他的"利他"经营理念，即以他人的利益为先。他认为，以利他为本的行动更可能导向成功，而出于善意的动机是事业成功的关键。这样一位在经营领域"有结果"的人，我却曾听到在经营领域没有结果甚至没有涉足过的人，用轻蔑的语气评价他的那些理念都是"洗脑"。好多人把真理看作"鸡汤"，却把"鸡汤"视为真理，南辕北辙，怎么可能获得成功的钥匙呢？因为"宇宙法则"是只有利他才能真正利己。既然知道了这个法则，那么帮助别人，还只是帮助"别人"吗？心态改变后就不会再觉得那是花费"自己的"时间在帮助"别人"。

《能断金刚》的作者麦克尔·罗奇格西是一名受戒的佛教僧人，曾在普林斯顿大学毕业，并在印度的赛拉梅西藏寺院学习22年后，成为第一位获得格西学位（相当于佛学博士）的美国人。他运用《金刚经》的智慧，将位于纽约市的安鼎国际钻石公司打造成年营业额突破1亿美元的企业。在《能断金刚》一书中，他说："成功来源于我们在意识里种下的种子。我们通过帮助他人获得成功而种下这样的种子。"

我有一位朋友，叫墨子攻，是香港游艇大亨，码头最靠近维多利亚港的那一片浮桥和停着的游艇都是他的。他分享说："我的生意能发展成这样，是因为每当遇到挑战，我会采取一种特别的处理方式，不是一直盯着自己的问题，而是选择将自己的事放一放，先去询问朋友们是否遇到了什么难题需要帮忙，而当帮别人解决问题后，再回来看自己的问题时，往往解决它们的灵感和方法也自然地浮现了。"可见，他在实践"宇宙法则"。

单单依靠传统概念中的精进、勤奋、努力，哪怕是一时在物质上的有所得，也不一定能带来持久的幸福感，况且方向若是错了，连物质上的所得都不会有。而我说的自律，指的是"正精进"，意味着在正确的方向上不懈努力。"云何精进？谓懈怠对治，心于善品勇悍为性。"就是说，正确的精进，包含两方面，一是对治懈怠，一是对善法有欢喜心，勇猛趋入。

那些人之所以能在生活或精神上取得显著成就，往往源于他们对自我行为的管理和持续的自我提升。而这样的自律，是一种对生命更深层次的理解和尊重，也是真正能够引领我们出人头地的力量。

自律是管好你的嘴

每次打开QQ邮箱，登录页面的那句话一直能够吸引我的目光："你说我是错的，那你最好证明你是对的。"原版来自迈克尔·杰克逊的一句歌词："You tell me I'm wrong. Then you better prove you're right."

电视剧《欢乐颂》中有这样一幕：安迪和奇点，两位事业有成的人物，在房间里带着满满的优越感评论着他们的朋友们，言语之间似乎将自己视为一个标杆，流露出"有钱即有理"的价值观。在剧中，那些经济条件不那么好的朋友仿佛只是为了衬托精英群体而存在，他们在生活和工作中遇到的问题似乎总是无法自己解决，而精英们能轻而易举地搞定这些让他们饱受困扰的问题。他们带着对"套路"的自满，随意干涉朋友们的交友、事业、家庭和观念……

在影视剧和现实生活中，有太多人喜欢站在自己的角度去评判他人。然而，你无法了解另一个人的全部故事，你看到的只是他呈现给你的一个侧面。你怎么知道自己一定比别人更明智，能够洞悉全局呢？没有人是全知全能的上帝。你不了解别人的处境和需求，你喜欢的，别人可能并不感兴趣，你以为微不足道的，对别人来说可能意义重大。

在巴黎的一次对话中，一位朋友问我："一个北京大学的毕业生，酷爱阅读，但到了30多岁，事业上仍然没有显著成就，你会认为他不成功吗？"如果是12年前，我可能会同意这种观点。但现在，我的答案是："不。"成功不应该被单一地定义。有些人追求的是内心的丰富和满足，他们过着自己喜欢的生活，并且感到快乐。选择不同，没有谁比谁更优越。我们不应该用自己的标准去评判他人的生活。

况且，你对人的认识几乎取决于你自己的认知能力。比如在你眼里，有个朋友总迟到，你便觉得他就是不靠谱的代名词，但换个人来看，他可能是个超级"暖男"，每次聚会都不忘带点小礼物给大家惊喜。你可能觉得那个天天加班到深夜的同事是工作狂，生活肯定无趣到家了，但在其他同事眼里，他可能是个解决问题的高手，每次项目遇到难题，他总有办法力挽狂澜。你可能在抱怨隔壁家的孩子整天咚咚锵锵，吵得你头疼，但在楼下老奶奶的耳朵里，这些声音可能就是世界上最美妙的音乐，让她想起自己孙子的活泼可爱。你可能对那个天天晒娃的朋友翻了无数个白眼，觉得他们是不是太自恋了，但肯定也会有人认为这些照片记录了孩子成长的宝贵瞬间，每次看到都会忍不住点赞。你可能羡慕嫉妒那个好像永远在放假旅行的朋友，觉得这人是不是从来不用工作，但实际上，她可能是个工作狂，每次旅行都是用加班换来的，放松完了回来继续埋头苦干……

所以，我们每个人因为背景、经历甚至心情不同，对同一个人的看法也会大相径庭。对他人的认识很大程度上取决于我们自己的价值观、感受、经验和期望，我们的认知框架塑造了我们看待他人的方式，而这种认知并非总是与他人眼中的同一个人相匹配。当一位丈夫对他的全职太太说："你成天在家，不就是带带孩子，有什么可累的。"就可以知道人与人之间的感受和认知差距有多大。

就像对于同一幅画作，有人觉得它精美绝伦，而另一些人可能认为它横七竖八。我们常说"屁股决定脑袋"，我们也说"一千个读者眼中就会有一千个哈姆雷特"，如此种种，说明认知差异并不是"认识的对象"本身的属性，而是取决于观者的个人经验、文化背景和审美标准……心理学中的"认知评价理论"也认为："人们对事件的评价和解释，而非事件本身，决定了他们的情绪反应和行为。"所以，智者说："我们认识的对象，其实根本没有离开我们的认识。"

于是，我们明白了法国哲学家萨特的那句："别人眼中的你不是你，你眼中的自己也不是你，你眼中的别人才是你。"就像螃蟹总觉得周围其他动物都是斜着走的，却不知道真正斜着走的其实是自己。每个人所看到的外界，不过是反映了他自己的心。天真的人看到的世界是无邪的，阴险的人觉得别人都在耍诈，攀比的人看每个人都是虚荣的……智者也说："我们的认知模式，决定了所认识的世界。"

那么，看似头头是道的评判，客观在哪里呢？又能带来什么呢？反而造下口业。

古老的智慧告诉过我们种子法则：种瓜得瓜、种豆得豆。肆意给别人下判定，引起对方的不满之心甚至记恨之心，能得到的会是什么呢？难道会是宇宙颁发的奖状吗？

可环顾四周，"评判"充斥着各个角落，真的难以觅得一块清静地。孟子说"爱人者，人恒爱之；敬人者，人恒敬之"，那么同样，"评人者"，不就是"人恒评之"吗？所以，想要不结"成为被人评头论足"的果，我们先得自律，不去种下"对人评头论足"的因。"静坐常思己过，闲谈莫论人非"。

除了"认知"，"表达"本身也是陷阱重重。在一档辩论综艺里，主持人感叹："被误解，是表达者的宿命。"多无奈啊！人与人的每一次交流成效，都取决于表达者的表达能力和倾听者的理解能力。可世上不存在百分之百的表达能力，也没有百分之百的理解能力。没办法，这是由语言的本质和人类认知的局限性所决定的。我们的大脑会自动地根据我们的经验、知识和情感状态来解释听到的话语，这就导致了理解上的偏差和多样性。

非言语因素也极大地影响了沟通的效果，语气、面部表情、肢体语言和情境背景都是沟通的重要组成部分，它们有时候甚至比言语本身更能影响信息的接收和解释。一个讽刺的微笑、一个悲伤的语调，或是一个紧张的手势，都可能改变一句话的意义。

情绪和心理状态也会影响我们的表达和理解。当我们处于愤怒、悲伤或压力之下时，我们可能无法清晰地表达自己，也可能误解他人的意图。

所以，我们要接受这样一个事实：完全的表达和完全的理解在现实中是不存在的。

既然表达总是伴随着被误解的风险，我们对"表达"的态度和方式就需要更加审慎和深思。表达本身不是为了赢得人生的每一场辩论，不是为了强加自己的观点予别人，而是为了沟通与理解。

我受聘于上海对外经贸大学，它是原国家对外贸易部最早设置的两所本科高校之一，被誉为"中国对外经贸人才的摇篮"，获评2019年度全国创新创业典型经验高校，获批WTO（世界贸易组织）亚太培训中心，是WTO在中国内地设立的唯一区域培训合作伙伴，也是上海市A级高校创业指导站。我恰是该校创业学院的客座教授，讲授《效率管理技能之时间管理》和《谈判技巧》这两门课。在《谈判技巧》中，我讲过："不一定说出来的才是谈判的目的，谈判过程也不是只靠说。"真正的谈判智慧，往往隐藏在言语之外。在许多情况下，真正坐在谈判桌上展开激烈讨论的时刻并不多见，更多的谈判技巧其实体现在我们日常工作与生活中的细微之处。谈之前，首先要明白己方想达成什么目的、己方有什么资源与筹码、己方的底线是什么，以及对方想达成什么目的、对方有什么资源与筹码、对方的底线是什么。那么观察与倾听，比"一顿输出"重要多了。通过倾听，我们能够洞察对方的真实需求和潜在立场，从而在回应时更加精准和有效。浅的来说，倾听是一种尊重，能为双方建立起些许信任和好感；深的来说，倾听是积极的、全神贯注的理解他人的过程。所谓"人狠话不多"，一说，就点到要害。沉默不是沟通的障碍，而是一种深层次的沟通方式。

确实，有时候在对话中我们可能会感到一种压力，觉得需要通过不断地说话来填补沉默的空白。但这种急于用言语来填充每一秒的做法，往往透露出一种内心的不安与急躁。其实不用因为害怕突然安静，而拿"绮语"，也就是无意义的话来塞满空气，淡定者不急于表达——从容，花香，有暖阳。在商业环境或社交场合中，我发现一个有趣的现象：尽管我用同一双眼睛观察别人，但若交谈中，我一直在讲话，他们的思路就会不断地跟随我的话语而动。相反，如果在交谈中，我一直听，不怎么说话，对方就觉得我高深莫测。我可太喜欢后面这种感觉了，比前者更能减少因过多表达而可能产生的误解。其实很多时候，在各种场合中，我们并不需要说太多，因为大部分的言辞可能只是无关紧要的废话而已。

"止语"就是一种自律。通过止语，我们学会了在说话之前先思考，确保我们的言语能够带来正面的影响。止语也是一种力量的积蓄，让我们可以静下心"内观"，更清晰地认识自己。一杯混浊的水，只有平静下来，泥沙才会逐渐沉淀，清澈透明的水质才会显现。智慧也是这样的，通过自律和专注，培养出冥想和深思的静谧状态，从而开启智慧之门——由戒生定，由定生慧。

再者，"说者无意，听者有心"。言语很多时候是无形的利器，一出口，伤人伤己。轻率的言辞，如同未熟的果实，虽逞一时口舌之快，却留下满口苦涩。说话，就像覆水难收。"言多必失"，除了多说多错，还容易自曝其短，这四个字藏着老一辈的智慧和生活的沉淀。

说话是一门艺术，也是一种修养。前面说的"评判""误解"，可能并不是有意产生的，但撒谎、欺骗、搬弄是非、挑拨离间、骂人、说脏话、说难听的话、说伤害他人感情的话……造成的人与人之间的矛盾和伤害是深远且复杂的。不仅可能导致关系破裂，产生信任危机，长远来看，更是为自己种下了"损害"的种子，招致祸患。

口业，是言语的重量，它衡量着每一句话的价值与后果。有太多因为自己不诚实、虚荣而夸大其词的例子,也有太多面对伴侣的背叛愤怒至极,或者面对合作伙伴的不守信用而气急败坏的事例了。可是,宇宙的法则就是这样的啊,"欺骗的铭印"就不会滋生"信任的显化"啊。

自律,是对言语的驾驭,也是对心灵的守护。自律是管好你的嘴。

自律是不干涉别人

要求，是给自己的，不是给别人的。

我们常常努力地去说服他人、改变他人，但你有没有发现，这样做其实是把快乐的钥匙交到了别人手中。如果我们连自律都觉得困难，那么期望"律"人，又怎么会变得更简单呢？

在很多年的时间里，我们家的四人微信群里总是上演着"排列组合"式的争吵。爸爸、妈妈、弟弟和我，有时是这两人间产生摩擦，有时又是那两人意见不合，有时愤怒升级到不惜将对方踢出群聊或拉黑。每次争论，我都坚信自己的观点是正确的，总是试图去说服对方。然而，几年过去了，这种状况并没有因为我们的争论而有所改善。

争吵的存在,其实反映出每个人都在坚持自己的观点,而且从每个人的角度来看,似乎都有一定的道理,都难以简单地判断谁对谁错。比如,是否应该结婚、是否要孩子,或者是家庭琐事,每个人都有自己的看法和理由。

一家人沟通方式的神奇转变,发生在我学习智慧文化以后。仅仅是我一个人的待人处世哲学因为我的观念、心态的变化而发生了变化,全家人的沟通方式居然都变了。都说"父母对孩子最好的教育就是以身作则",真正的改变不是强迫他人接受我们的观点,而是从自己做起,通过自己的改变去影响和启发他人。其实人和外境的关系很微妙,并非你要求外境往哪个方向变,外境就能直接听命于你。而是你的改变,造成了外境的改变。你拥有什么样的心,就会说出什么样的话、做出什么样的行为、动什么样的念头,进而感得什么样的外境。王阳明说,心外无物,心即理。

我们常习惯向外界提出要求,期待他人来满足我们的期望,当要求和期望没有被满足或实现,就会生气、苦恼。这是被境所转,很像被烦恼的洪流推着走,不能自主。既然这条路走不通,何不转念呢?把要求对向自己。真正的成长和进步,往往源自自律,而不是对他人的苛求。比如,你可能会希望朋友在你需要的时候随叫随到,但如果你不把解决问题的期望依赖在他人身上,你会发现,面对各种处境,你拥有了更多选择权,他人也感受到了相对应的自在。

另外，不请自来的建议，真的也让人头疼。

许多朋友出于好意，习惯性给建议。比如，我有一位刚退休的朋友，第一次来访我公司时，一进门就开始对办公室的装修风格进行评价，认为这里可以做些调整，那里可以做些改变。我心里不禁无奈，想着：或许我该立个规矩，提建议得附带红包。但实际上，由于搬迁准备时间紧迫，加上要考虑嘉宾们的日程，乔迁仪式在下个礼拜就要举行，没有太多精力去进行装修。而且，我不想浪费原有的家居，况且每个人对风格的喜好都不尽相同。作为一家互联网音乐公司，我们这里聚集了许多年轻人，他们对现在的环境很是喜欢，所以我保留了办公室不同区域的特色。

同样的，有时朋友们会建议我这段时间应该去做什么事。这亦让我感到困扰，因为他们不了解我目前的状态，甚至有些人与我并不熟。我有我的工作与生活的节奏，并且我不想花费精力向他们解释我在忙些什么。毕竟，被误解是"表达者"的宿命嘛。况且大家发现了没有，绝大部分的建议都是"状况外"的，"不请自来"的建议有时更像是一种打扰。所以，我们在对外输出建议前，也请停一停，想一想，对方需不需要。

别人不需要建议，你非要说两句；别人需要帮忙，你却没空搭理。

——我们不要这样。

毛姆说："真正想帮助你的人，从来没有那么多废话。"

我们常常"法镜外照",即把"道理与规则"的镜子照向外界,批评这个指责那个。但其实,以智慧为镜,应该用来反观自己的心。如果觉得捐款很有必要,那么"我"就去这么做;如果觉得给环卫工人送上一瓶矿泉水很有意义,那么"我"就去这么做;如果觉得做这些事很棒,那么"我"就去这么做……行胜于言。做好自己,即是影响他人最好的说服力。

"懂人,懂事,懂规则。"我曾写在书里的,常被提起的四句话之一。

同样,这话也是用来要求我们自己的——专注自身:好好生活、好好做事、好好修炼,不去干涉别人、不对别人指手画脚。这是"懂事"。不过,对于来要求我们、给我们建议的人,过去我也会因此感到烦恼,但现在我理解了,他们之所以对外要求,可能是因为出于对真相的无知,或是自己未察觉的控制欲和重要感。他们也是自己烦恼的受害者。一方面我们要用慈悲心理解他们,另一方面我们也要用感恩心,感谢他们对我们的关心与好意。这是懂人。当然,这不妨碍我们友好地拒绝不适当的建议。尊重他人,也尊重自己,这是懂规则。

如此,我拥有的清静越来越多。

多省自己,感恩他人。有人出现在你的生命中,或多或少给你带来了影响,也许难过,也许喜悦,但已经很值得感恩。若有人饱含情谊,陪你走了几十年,哪怕是隔得远远的,但他们见证了你的成长、你的喜怒哀乐，他们就已经是世界给你的礼物。

力的作用是相互的，你对外发出感恩心，而非嗔怒与抱怨，那么能量兜兜转转，回到你身上的也会是感恩心。你对外总是要求，往往无法如意，收到的能量可能也是一大堆有关你的八卦、要求和指责。

想象一下，如果火车上的每一位乘客都将他们对他人的期望转变为对自己的要求，那么这列火车将会成为名副其实的"和谐号"。这样的场景，无疑是一幅和谐美好的画面。进一步来说，如果这个世界上的每个人都只要求自己，将对他人的标准用来衡量自己的行为，那么我们所生活的世界将会多么和谐，几乎可以称之为人间净土。

因自律而生的自由，能让春天里的溪水唱起歌，能把大草原的辽阔装进怀里。

自律是找到大道，予人快乐

读了这么多年的商学院，学了很多知识和方法论，在职场和创业途中也用到很多。在大学教授学生们《谈判技巧》和《效率管理技能之时间管理》时，我能分享的也只是一些基本原则和重点，而无法涵盖每一种具体情况。我逐渐发现，知识和经验并不是解决所有问题的万能钥匙。被誉为"华尔街教父"的本杰明·格雷厄姆说："好主意带来的麻烦可能比坏主意还多。毕竟，人们会忘记，好主意也有局限。"同样，所谓的"好经验"也存在这样的问题。没有哪个模型能够完美适用于每一个现实问题，总有情况是全新的，也没有参照，我们需要自己去思考、判断和决策。人生也是这样的，充满了未知和挑战。

人的变化有时是潜移默化的，有时是猝不及防的。经过的人，经历的事，喜欢的讨厌的，思想与情怀……我出生于浙江，成长于上海，赴台湾学习，去巴黎留学，所听、所见、所感受，像海水流过我的大脑、我的心脏。直到过了35岁，我真正开始深入了解并学习儒释道文化，深深感叹圣贤的智慧是如此博大精深，才找到了减少烦恼、增长智慧、解决人生中大部分问题的密码。我逐渐领悟到老子《道德经》中说的"有道无术，术尚可求也；有术无道，止于术"。

平常人的追求，说到底，就是幸福。为了过上更加美好的生活，我们得去了知真理。了知真理，就能够更清晰地认识到如何充实而有意义地度过每一天。然而，找到这条通往真理的道路，很多时候不仅仅是一个寻找的过程，它还涉及缘分和运气。有些人得过且过，有些人求神问卜，有些人可能一生都在寻找真理，却从未真正认识到它，有些人即使发现了，也不愿去相信。

而当我们找到了这条道路，习得真理又是一件需要持之以恒、孜孜不倦的事。就像唐僧一行，四人一马，经过九九八十一难，才取得真经。所以在追求真理的过程中，有同行者的陪伴是多么重要。他们能在我们需要时给予鼓励，相互支持，共同推动彼此向正确的方向进步。我曾经就是这么受人恩惠的，从小的来说，我被赠予一些书，比如周国平和济群师父的《我们误解了这个世界》《我们误解了自己》，中国企业家曹德旺的《心若菩提》，美国企业家麦克·罗奇格西的《能断金刚：超凡的经营智慧》《业力①管理》，宗萨的《八万四千问》，美国普林斯顿大学进化心理学教授罗伯特·赖特写的《洞见》，它的英文原标题很有意思，叫 *Why Buddhism Is True*（《为什么佛学是真的》）……还有《次第花开》《不离》等，当我在其中发掘宝藏，自然也愿意将它们分享出去。

《前行笔记之耕耘心田》这本书是某银行的私人银行总经理送给我的，她买来送给了好几位客户。私人银行是银行为那些存款或金融资产达到一定数额的高净值个人客户提供的专属高端服务。从过去邀请我们插花、制作手工香氛，到现在举办以儒释道为主题的讲座，比如有一场就是邀请到毕业于伦敦苏富比艺术学院，现任清华大学巴基斯坦文化传播研究中心的特聘研究员为我们讲述《犍陀罗：多元融合的文明》。顺应客户需求而生的活动，可以看得出来，高净值客户的兴趣点发生了变化，更有价值的活动才值得花费时间去参与。

还有稻盛和夫的《活法》《干法》《心：稻盛和夫的一生嘱托》……说到稻盛和夫，我写的那本《生活需要断舍离》（再版名《断舍离：给生活留呼吸》）曾一度和他的《稻盛和夫的哲学》同时出现在当当网首页的"经典畅销"书列里，而那个书列，只收录了8本书。现在看来，如果我的生命中带有那么一点点福德与使

---

① 佛教用语，指个体的行为及其所产生的结果。不仅包括身体的行为，还包括言语和思想，它代表一种因果法则，即善有善报、恶有恶报。

命，我应该书写真正的作品，而非这样轻易地消耗。

以前我写书，动机并不单纯，夹杂着对名利的追求。如今再读，发现文字中洋溢着某种"自我感觉良好"。我很惭愧。一代人有一代人的价值观，受当时观念的影响，我在12年前写的内容，也带给过一些读者力量。其中有一位曾在微博上给我留言："2013年10月，看到你写的文章，并不是羡慕你完美逆袭，那样的故事在我那个年纪已经看了很多类似的了，并不屑一顾。我只是欣赏你那种自信果敢，就像《飘》中的女主角，遇到问题不抱怨，不沮丧，而是立马去解决。"

我受人影响，别人又受我影响，我无法预知我的哪些行为或言语可能会对他人产生深远的影响。但我知道，我的每一个起心动念都在塑造着我与这个世界的关系。现在，我希望能够调整我写作的发心，让它更加纯粹——利益他人，分享真正的智慧和洞见。当然这些智慧和洞见不是我发明的。我只是用亲身经历去体证大德圣贤们的教诲，然后惊喜地发现生活与事业竟能发生如此巨大的改善。近几年，我几乎每天保持阅读，再结合自身做观察，通过工作生活中的具体事例和学习的"正见[①]"相对照，修正观念，再落实到日常行动中，"知"与"行"相结合，摆脱负面心理，建立正向心

[①] 佛教用语，八正道之一，是如实了知世间与出世间因果的智慧，涵盖有漏慧与无漏慧。

理,逐步完成心态的改变。

说到"正见",首先我们得知道什么是"正见"。"正见"即是对世界、对人生的正确认识。不过现在资讯纷杂,辨别"正见"也是个挑战,网上有太多"鸡汤"冠以"李叔同"之名。宗萨有一本书叫《正见》,非常值得一读,歌手王菲也推荐过此书。我本想送这本书给一位朋友,没想到演员胡歌已经提前送给了他,可见这本书的受欢迎程度。

当然,"正见"肯定也不是"童小言"的个人知见[①]。所以,写书,我是结合实际发生的案例来分享对"正见"的感悟。智慧其实是蕴藏在每一个人之中的,就像天空一直都在那里,只是有时被云雾所遮蔽,只要我们运用"正见"去拨开那些"错误知见"的云雾,智慧的天空自然会清晰可见。

而当我意识到,分享这些智慧文化,本身就是积累福德的方式之一时,我更乐于这么做了。当然,"利他可以积累福德"这是客观规律,但主观心态上不能这么想,"应无所住而生其心"。哪怕不被记住、不被感谢、没有福德,我仍然愿意这么去做。"如果我们想拥有健康的生命品质,就要遵循道德、积极利他,这么做不仅对他人有益,同时也在成就自己。对方得到的只是外在帮助,我们却在改善生命品质,是可以尽未来际地受益的。"

---

① 佛教用语,指知识与见解。知为意识,见为眼识,意谓识别事理、判断疑难。

2018年初，电影《无问西东》触动了无数人的心，我虽然安静地坐在那儿，却早已泪流满面、心潮澎湃。片尾再现的每一位"大家"都让我肃然起敬。俗世里生存，不俗的存在。生命的意义，真正的珍宝。我又要拿什么东西留世？

如果我的愿望是"希望大家都能获得幸福和导致幸福的因缘；希望大家都能远离痛苦以及造成痛苦的原因；希望我们所有人和动物都能永远享受没有痛苦的快乐，身心感到愉悦；希望我们，所有的所有，都能摆脱贪婪和愤怒的心态，达到内心的平等和宁静"，那么，我把原来的书重写一遍，就势在必行。

历经千年的智慧告诉我们："上乘者论道，中乘者讲法，下乘者求术。"自律是找到大道，予人快乐。

自律是知因果，懂选择

每当在微博上看到那些标有"爆"字的热搜，无论是某位明星的丑闻，还是社会新闻中某人在街头遭遇不幸，我的心都会感到震惊和不安。有一次，我甚至因为这些新闻而情不自禁地大哭起来，担心自己也可能遭遇类似的意外或从人生的"高处"跌落。

直到我学习了"因果"的"正见"，这种过度的忧虑才逐渐得到了缓解。我开始理解每一件事的发生都有其背后的原因和条件，就像种子要长成果实需要适宜的土壤、水分和阳光一样，生活中的每个事件也都是由多种因素共同作用的结果，并不是偶然的。

我重新观察与反思：为什么那位明星跌落神坛，会让我如此恐慌？

原来，我们有一样的傲慢！那种表面上谦卑虚心，却由内而外散发着高人一等的优越感。甚至这种优越感，自己未必能察觉，直到我在职场环境中脱口而出"拜托他是哪位啊！"的时候，我被自己吓了一跳——刚才说这话的是哪个自大的怪物？

我回忆起小时候，总是间隔性地考第一，比如这次考试得了第一名，下次一定不是。并非题目不会，而是粗心大意、掉以轻心。父母虽然不直接插手我的学习，但他们观察我的行为，当我在家里哀叹自己"这次考得不好，只考了第十名"时，妈妈只是淡淡地回应："因为你骄傲了。"

我反驳道："哪有？我没骄傲啊。"

妈妈却说："你要是知道自己骄傲了，就不会骄傲了。"

她这句话使我醍醐灌顶，有时真的觉得妈妈是个哲学家。是啊，如果我觉知到自己的傲慢心，我就不会任由它滋长了。

品格的形成，是一个积累的过程。长期不断地重复那些心理：贪心的人不断积累着贪婪的念头，爱生气的人在每一次不满中加深了愤怒的习惯，愚痴的人总是不愿意去辨识事物的真相，傲慢的人一次又一次地加固自负的壁垒，怀疑的人永远对实相视而不见。

正如水滴石穿，我们的内心世界也在这些日常的重复中逐渐塑造成型。

播一颗傲慢的种子，日积月累给它养分，它迟早会在我们的心田长成一棵参天大树。这些负面的种子一旦生根发芽，它们所结出的果实——不幸和灾难——将成为我们必须承担的后果。德不配位，必有灾殃。然后，就是那个经典桥段——眼看他起高楼，眼看他宴宾客，眼看他楼塌了。

许多人在作奸犯科之后，懊恼的是被人发现，而不是懊悔当初种下"作奸犯科"的种子。

赵雅芝和叶童演的那部家喻户晓的电视剧《新白娘子传奇》里，有一句台词："菩萨畏因，众生畏果。"这句话其实出自印光大德。意思是：真正的智者因为了解因果的规律，所以会谨慎对待每一个思想和行为，避免种下不良的因，以免未来遭受苦果。而大部分的人，常常在遭受恶果时才感到恐惧和后悔，却没有意识到，这些后果正是自己之前行为的直接产物，所以不会从"因"上去杜绝这些不善的行为，如此因果倒置。

有人说，我的肉眼又看不到因果，谁知道有没有，管他呢。那你的肉眼也看不到Wi-Fi（无线网络通信技术），但它还是让你连通了世界；你的肉眼也看不到紫外线，但暴露其中你还是会被灼伤。你的肉眼看不到因果，不代表你不需要承担这一"宇宙法则"。没有外在的主宰，因果本身即是规律。

自律的人，应该深信因果，懂得选择，诸恶莫做，众善奉行。这无论是对个人精神成长，还是对社会和谐发展，都有益处。

好多成语和谚语表达了这点,诸如"种瓜得瓜,种豆得豆""前因后果""善有善报,恶有恶报""一报还一报""积善之家,必有余庆;积不善之家,必有余殃""天网恢恢疏而不漏"……可见,"因缘因果"作为东方哲学中的重要概念,其实我们并不陌生。

我曾在某一年的大年二十九,在九华山遇到了著名物理学家、中国科学院院士朱清时,他曾任中国科学技术大学和南方科技大学的校长。他在2009年发表了题为《物理学步入禅境:缘起性空》的演讲,探讨了现代物理学中的弦理论与佛教哲学之间的关系。朱清时教授认为,物理学中的弦理论在某种程度上与佛教的"缘起性空"相契合。

世界是缘起的,万物都是因缘条件相聚而成,没有固定不变的实体。因为哪怕宇宙中最小的物质,不管多小,只要有形状,那么就可以被分割,只要可以被分割,那它就不是最小。经典物理学认为物质是由原子构成的,而原子又由更小的粒子,如质子、中子和电子构成。随着量子物理学的发展,科学家们发现了更小的粒子,如夸克和轻子,以及可能存在的更基本的量子态。量子态的行为不再遵循经典物理学的规律,也不再有明确的位置和形状,而是以概率云的形式存在,只有在被观测时才表现出特定的状态。

可见,"遇事不决,量子力学"也不仅是一句梗而已。

在缘起的框架下,因果关系也很好理解。因为一切现象都是因缘条件相聚而成，所以一个现象的产生（因）会导致另一个现象的产生（果）。每一个行为和选择都可能产生连锁反应，影响未来的结果。

根据种子法则，首先，善因招感乐果，不善因招感苦果，种瓜得瓜种豆得豆，非常形象。种子相当于所造的行为，开花结果相当于"果报"。也就是说善业产生快乐的结果，不善业产生痛苦的结果。那么反过来：没有恶业，绝对不会招感痛苦；没有善业，绝对不会产生快乐。

其次，我们的行为举止的基础是"心念"，心念的潜力是无限的。比如番茄、四季豆、生菜、菠菜、薄荷、罗勒，种子容易生长并且结果丰富。再比如黄瓜、草莓、辣椒、南瓜和冬瓜，在适当的条件下，可以非常高产，一颗植株可以迅速扩散，结出多个果实。所以，不要觉得我们只是做了小小的恶业，结果未必会很严重，实际上这和心念种子有关，比如在极强的嫉妒情绪之下，虽然只是轻飘飘地说了一句"她其实不像你们看到的那么好"，埋下的后果可能难以预计。

再者，"没有播种，就没有收获"。所以，没有做过的，一定不会有果实。

最后，只要是播过种子，不管它有没有长起来，种子或者它的痕迹都不会消失。所以，只要造作过的业，都不会失去。

有些人说："你看他明明坏事做尽，为什么还活得好好的？"可别忘了老祖宗的智慧："不是不报，时候未到。"种子生长是需要条件和时间的，比如土壤、水分、阳光等，也跟种子的特性有关，比如苹果、樱桃、榴梿、波罗蜜、核桃、榛子……从种植到首次结果可能需要几年时间，对环境条件要求较高，或者对气候和土壤的要求非常具体。所以，其中错综复杂的因素并非仅凭表面现象就可以来判断事物的全貌。

《地藏经》里有一段关于因果的论述，我择几条供大家参考："若遇杀生者，说宿殃短命报；若遇窃盗者，说贫穷苦楚报；若遇邪淫者，说雀鸽鸳鸯报；若遇恶口者，说眷属斗诤报；若遇毁谤者，说无舌疮口报；若遇嗔恚者，说丑陋癃残报；若遇悭吝者，说所求违愿报；若遇饮食无度者，说饥渴咽病报；若遇畋猎恣情者，说惊狂丧命报；若遇悖逆父母者，说天地灾杀报；若遇烧山林木者，说狂迷取死报；若遇前后父母恶毒者，说返生鞭挞现受报；若遇网捕生雏者，说骨肉分离报；若遇非理毁用者，说所求阙绝报；若遇吾我贡高者，说卑使下贱报；若遇两舌斗乱者，说无舌百舌报。"我有一些亲戚朋友的例子，深刻反映出这些"规律"，以至于读到"若遇网捕生雏者，说骨肉分离报"时，我都忍不住想到那位哥哥的境遇。其实观察周围，我们可以发现这样的案例比比皆是。习惯性骂人难听的，家里常常鸡飞狗跳；爱生气动怒的，面目都会扭曲成可怕的模样；长期暴饮暴食的，多导致肥胖和健康问题；经常挑拨离间的，终究会两边不是人……

网上有很多"鸡汤"文常常会提及"弘一法师"，来营造一种看似高深的氛围，其实很多都不是法师说的。但法师实实在在有一句"誓作地藏真子，愿为南山孤臣"的誓言，这是他的志向和决心。这里面所说的"南山"指的是"南山律",也就是戒律,它强调的是自律啊。"其身正,不令而行"。弘一法师在日常生活中严以修身,崇俭戒奢,以近乎严苛的态度审视着自己的生活。

许多年轻人喜欢算塔罗牌,想知道自己的前世和未来。其实,根据因果观,"欲知前世因,今生受者是。欲知后世果,今生作者是。"你现在的生活是什么状态,完全是由你过去人生中的行为所决定。而我们的未来会怎么样,就由当下的每一个起心动念所决定。"失足"仿佛是一瞬间,其实之前已经积累了众多隐患和错误。正如大厦将倾,非一木之故,而是日积月累的腐朽和侵蚀所致。

我深深觉得,如果不从别人的"失败"中得到教训,早晚会从自己的"失败"中得到教训,因为别人的失败很有可能是老天给我的警示。

那么,在看到那些负面新闻时,与其停留在表面的恐慌和焦虑,不如从当下开始自律。如果我不希望"失足"坠落,获"卑使下贱报",那就戒骄戒躁,不要"吾我贡高"。

看到宇宙万事万物运行的深层规律,"莫轻小恶,以为无殃;莫轻小善,以为无福。"我们深信因果,专注修炼,诸恶莫做,众善奉行,用正面的行为、语言和思想去塑造自己的未来。这样律己的同时,还能够正面地影响周围的人,为构建一个充满善意与希望的社会氛围助力。知因果,懂选择,心能转境。

第二部分 运用自律

—— 你有多自律,就有多自由

Self-discipline

凡事有交代，件件有着落，事事有回音

Gina，一位1982年出生的双鱼座女生，大约在15年前出版过一本关于"梦想"的书籍。她的风格与同样是双鱼座的艺丹大相径庭。Gina脑袋里总是充满各种五彩缤纷的想法，勤奋地在众多潜在合作伙伴之间穿梭，讨论项目和合作事宜……但往往只停留在讨论阶段。她对每一个项目都表现出浓厚的兴趣，遗憾的是，并没有让任何一个项目取得实质性的进展。

现代社会，其实有很多"Gina"，甚至我们在某一特定时期，也会成为"Gina"。比如，当因为经济压力而感到焦虑时，可能会病急乱投医，以盼能够快速解决问题。再比如，当看到别人在某个热门项目中赚得盆满钵满时，可能会心生羡慕，觉得自

己是否也应该加入其中，盲目跟风。

《原则》一书中提到"明智的人在经历各种沉浮时都始终盯紧稳健的基本面；而轻浮的人跟着感觉走，做出情绪化的反应，对于热门的东西一拥而上，不热的时候又马上放弃"。这本书被比尔·盖茨誉为"非常宝贵的指导和忠告"，作者是华尔街投资界的传奇人物、桥水对冲基金公司的创始人瑞·达利欧。

这样没有成效的忙碌，很大程度上是因为：不知道自己要什么、不知道该怎么做。

如果不设法解决第一个问题——不知道自己要什么，很可能陷入无目的的忙碌状态汲汲营营。有些人每天忙得不可开交，几乎没有休息的时间，但如果问他们究竟忙出了什么结果，都是摇摇头，回一句：瞎忙。

并不是说我们凡是都要以结果为导向，而是从他们疲惫的面容和失去光彩的眼神中，看不到这样忙碌的乐趣，倒是形象地写出了"忙"字的左右两边：心死。不断在转，但看不到出路。智者说："我们忙惯了，总觉得不做些什么是在浪费生命。其实，无谓的忙碌才是对宝贵人生最大的浪费。"

要打破这种状态，我们先要进入一个了解自己真正的欲望和需求的深入的内省过程。

以大家关心的赚钱为例。

首先，我们得静下心来，观察自己的内心。了解自己想要赚钱的深层动机，是为了满足基本生活需求，还是因为看到别人拥有的，我们也想拥有，或者是因为内心深处对安全感的渴望？比如，在你常居的地区，如果满足基本生活需求只需要10万一年，那么你对需要赚20万的焦虑是因为什么？

接着，继续追溯这些欲望的来源。是社会中的大多数人告诉我，有钱就能拥有一切，还是我们自己真正觉得，金钱能带来幸福？

如果是前者，问问自己，"社会价值观"推动我去成为生活的"牛马"，我是不是就要任"社会价值观"摆布？我个人对这个问题往往会这么看：一些人口中的社会价值观，比如多少岁要结婚、多少岁要生孩子，其实只表达了他们的观点，真正去落实这些事的人是我。那么既然我才是世界上唯一一个为自己人生负责的人，我是不是应该重新审视和选择自己的价值观？真正符合自己内心需求的价值观，才对自己有指导意义。

如果是后者，我们再进一步观察，幸福来自哪里？可以由哪些人、事、物带来幸福？钱是不是能保证幸福？真的需要那么多钱才能感到幸福吗？

然后，我们得出：我确实需要钱，不过好像只要达到某个金额就够了，也足以抗风险。剔除贪欲的部分后，我们发现这个目标没有想象中那么高远，可以分阶段、分步骤达成。

这并没有让大家不要去追求赚更多钱的意思，只是一个理性的分析过程罢了。我们可以从几个角度来梳理这个问题。

首先，有句老话叫"人无法赚到认知以外的钱"，意思是一个人的财富创造能力往往受限于他的知识、经验和理解能力。换句话说，我们通常只能在我们所理解的领域内赚钱。

另外，有人认为"一个人一生能赚多少钱是'定数'"。在命运没有发生变化之前，通过八字等传统命理学方法，可以大致预测一个人的财富状况。

假使我们参考上述观点，那么是否可以这样理解：在没有改变命运之前，我们的认知是变化不大的，因此，我们一生能赚到的钱也差不多是一个"定数"。换句话说，如果想要赚更多的钱，就需要提升自己的认知。但在没有改变命运之前，我们可能没有足够的福报去获得更高的认知。因此，想要赚更多的钱，归根结底在于积累福报。不过这两句话虽在网络和社交媒体上广为流传，却并没有明确的出处。

但我们中国传统文化自古以来就有"五福临门"的说法，"五福"最早见于《尚书·洪范》，包括五种被认为是幸福和吉祥的象征：长寿、富贵、康宁、好德和善终。所以，富贵是和福报有关系的。我们常说"福德"，既然提到了福，其实对于"德"也是不陌生的。《道德经》分为《道经》与《德经》，后者讲的就是德。著名的"温良恭俭让"五德，出自《论语》，即：温和、良善、恭敬、俭朴、谦让。我父母所居住的上海市青浦区，在近年建成了环城水系公园，以"上善若水，水善利万物而不争"的理念，将公园与水文化的紧密结合，以水的善性来寓意公园对城市和人们的滋养与奉献。沿途立有诸多儒家标语，包括"忠孝节义""仁义礼智信"等。环城水系公园的其中一段，延伸建了一个"上达中央公园"，名字源于《论语》"君子上达"。园内建筑采用宋式古典风格，其中的建筑命名也围绕着儒家文化与君子文化展开，取自四书五经的经典名句，如大牌坊"敬德行远、崇义尚礼"，还有一个亭子叫"慎独亭"。看到中国传统文化的瑰宝如此自然地融入居民生活之中，我内心满是欢喜。因为当今的现实确实如一位智者所说："在普通社会中，几乎每个人都希望当好人，也喜欢仁慈、体谅、开明等美德，但这些我们很少能做到。"

另，古语有云"德不配位，必有灾殃"，出自《周易·系辞下》。这句话的意思是，如果一个人的德行不足以支撑他所处的地位，那么他必然会遭遇不幸。《易传》中也有一句"地势坤，君子以厚德载物"，意思是大地的气势厚实和顺，君子应该效仿大地，以宽厚的德行负载万物。意味着一个人如果有深厚的德行，就能够承担重大的责任和任务。因此，想要拥有一个没有祸患的社会地位，归根结底在于"有德"。

这么论述下来，大家可以发现：无论财富还是地位，归结起来都依赖于个人的福报和德行。所以，在"具体"的赚钱方法论上，别人提供再多建议，效果也有限。但我相信，真正要怎么去提高财富，想必大家已经抓到其中精髓了。推荐一本书《了凡四训》，它融合了儒释道思想，作者是明代的袁了凡通过自己的亲身经历，阐述了"命自我立，福自己求"。他提倡积极的人生观和道德观——人的命运并非完全由天定，而是可以通过个人的努力，比如积极行善、改过自新等，去改变。本书后面的章节中，我也会分享一些关于获得财富和社会地位的小心得。

找寻"我到底要什么"的过程，不仅是一个自我发现的旅程，也是一个自我实现的过程。其中需要不断地内省、反思和调整。通过这个过程，我们不仅能更清晰地了解自己对赚钱的真正需求，还能确保我们的行动与我们的内在价值观和生活目标保持一致。知行合一，这样，在追求过程中，我们就不会迷茫和迷失。

随波逐流，被外界的力量推着走，没有自己的舵和帆，怎么保证不被风浪淹没呢？

而内省与反思，需要安静的力量，它是一种常常被低估的存在。在这个快节奏、高效率的世界里，我们常常在追逐。我们知道，在忙碌和压力之中，安静的力量可以帮助我们恢复精神能量；在紧张或冲突的情况下，安静的力量可以帮助我们保持冷静和理智。

其实许多艺术家和思想家都发现，安静是智慧的温床。乔布斯，这位科技界的传奇人物，他的创新精神和对产品设计的独特见解，很大程度上受到了他所学习和实践的禅宗思想的影响。他说:"如果你坐下来静静观察,你会发现自己的心灵有多焦躁。如果你想平静下来,那情况只会更糟,但是时间久了之后总会平静下来,心里就会有空间让你聆听更加微妙的东西。这时你的直觉就开始发展,你看事情会更加透彻,也更能感受现实的环境。你的心灵逐渐平静下来,你的视界会极大地延伸。你能看到之前看不到的东西。"当我们思绪的小舟在体内遭遇惊涛骇浪时,我们也可以试试现在非常流行的冥想、正念[①]练习、禅茶、身体扫描,或者打八段锦。复旦大学EMBA(高级管理人员工商管理硕士)的一位学长推荐给我一本书《正念的奇迹》,是一行禅师写的,感兴趣的朋友们可以去阅读,会很有收获。

我在办公室有时会带同事们打八段锦,这是一种中国传统的健身方法。尽管他们大多是"00后"和"90后",但他们对此表现出了相当大的兴趣和喜爱。专注于每个动作本身,调身、调息、调心。

在大学授课时,我采用了一种特殊的开场方式:打铃后,先让学生们闭上眼睛,引导他们感受脚与地面、臀部与椅面的接触感和压力感,再观察自己的呼吸。大约持续2分钟,之后学生们再睁开眼睛,开始听课。发现这样的开课效果真的很好,把整个200人的教室从人声鼎沸转为每个人都"安静且专注"。平时大家的注意力散乱,都被外界牵着走,几乎从来没有好好觉察自己的身

[①] 佛教用语,指用一种特定的方式觉察当下,有意识地、不加评判地专注于此时此地的状态。

体,哪怕是呼吸的状态。不得不说,安静的力量并不是被动或消极的,它是一种积极的生活方式,是一种智慧的存在。

明确需求、找到方向以后,该怎么做呢?

我在大学里教授《效率管理技能之时间管理》时,会和学生们提到"PDCA循环":计划(Plan)—执行(Do)—检查(Check)—行动(Act)。在此拿健康饮食计划举例和大家简述一下。

计划:明确目标,规划达成这些目标的过程,识别可能影响结果的关键因素,制定策略。拿健康饮食计划来说,设定健康饮食目标,比如减少糖分摄入,增加蔬菜和水果。

执行:分步骤、分工,依计划实施,监控进度,确保计划按预期执行。还是以健康饮食计划为例,执行就是开始按照计划调整饮食习惯,购买健康食品,准备健康餐食,让家人监督你等。

检查:收集反馈,分析结果,识别执行过程中是否有出现问题和偏差。继续以健康饮食计划举例,到了这一步,就该记录饮食日志,监控自己的饮食是否符合计划,并注意身体的变化。

行动:根据检查的发现,采取纠正措施。由于这个词被命名为"行动",可能会不太好理解。第二步说的执行,重点是"做",即将计划转化为实际行动。这一步说的行动,重点是"评估和调整",确保持续改进和学习。仍以健康饮食计划为例,这一步就是根据检查结果调整饮食计划,如果发现某些食物对身体有益，就增加摄入量；如果发现某些食物不利于健康，就减少或避免。

然后，基于当前的循环经验，规划下一个"PDCA"，这循环是一个迭代的过程：完成一个循环，过渡进入下一个循环。

不过，"PDCA循环"只是一种方法论，要将制定的计划付诸实践并实现目标，还须依赖资源，包括时间、资金、人、技能和知识，以及其他必要的工具。但并非将这些元素简单地聚集在一起，而是要有效地进行资源整合。关于资源整合的心得，我在本书"打造你的优质人脉圈"那部分内容时再做分享，这里先看一下资源整合的反面案例，以便从中学习避免。

正因为资源整合的重要性众所周知，许多人都意识到了这一点。然而，在实际操作中，常常事与愿违，整合不起来。有时候，就像Gina一样，从A那里得知了一个项目，由于资金不足，她试图通过与B合作来解决问题；同时可能又从C处得到启发，想到另一个点子，也不想放弃，又去找D谈合作……最终，哪个项目都虎头蛇尾，浪费珍贵的资源，还给人留下了"不靠谱"的印象。想成功的心可以被理解，但那么多"大项目"，这么有限的时间与精力，怎么顾及得过来？

我有一位朋友，曾经创业把公司做到在新加坡主板上市，后又投资卖了好几家公司。书中就称他为"狮子座S"，年近60岁，逻辑缜密，思维高速，记忆力超群。我俩都是美国商业最高荣誉协会BGS的终身荣誉成员。他说："很多事情本身是没错的，也是可以做成的。'人'才会把事情做错，'人'才会让本来可以做成的事情做不成。"

许多人误以为自己是在做资源整合，其实常常是把资源乱炖，煮得稀烂。

《猫头鹰搬家》这个寓言故事广为人知，很多人能够津津乐道地讲述它，但在实际生活中，我们要小心，不要成为故事中的猫头鹰。

> 斑鸠飞过猫头鹰家的时候，发现猫头鹰正在收拾东西，便落下来问："猫头鹰大哥，您这是在干什么啊？"
> "我打算搬家。"猫头鹰头也不抬地说。
> 斑鸠接着问："那您打算搬到哪儿去啊？"
> 猫头鹰说："我打算搬到东乡去。"
> 斑鸠说："这么多年来您一直住在西乡，怎么突然要搬到东乡去呢？"
> 猫头鹰说："西乡的人都讨厌我的叫声，我没法住下去了。"
> 斑鸠说："猫头鹰大哥，在我看来，您应该把叫声改得好听一点或者别在夜里叫。不然，不要说搬到东乡，

搬到哪儿都没有人会喜欢您的叫声。"

一些人也是这样,他们在某个项目中被发现不可靠,就转移到另一个城市,找一群新的人,开始一个新的项目,继续他们的不可靠。记得有一次,一位"猫头鹰先生"来找我谈合作,经过初步了解和实地考察,我发现项目本身是可以做的,但圈子里的人对他的评价褒贬不一,这让我始终悬着颗心。

对他,我有很多疑问。有疑问时会怎么办?当然是谨慎行事,设立许多合作的前提、条件、背书和保障,才愿意进行下一步。这次谈判持续了两个月,从最初的合作模式到最终谈定的模式,对我来说是越来越有利,最后我给出了一个"conditionally yes"(有限制的同意)。谈判并非简单的"yes"或者"no",而是可以把要谈的目标分解、切割。在同意和不同意之间找到可达成的点,即"在满足某些条件的前提下"我才是同意的。

谈判过程是一场拉锯战,建立信任是基础。当我暂时搁置合作协议时,他表示因为我对他的不信任而感到生气。可信任不是别人无条件给你的,信任是相互的。因为我们正在建立的是一种合作关系。急是露怯,他生气一方面是因为心虚,一方面是想虚张声势。

不少人认为在人和人之间投机倒把的行为是聪明的,但实际上这只是小聪明。一旦被发现，砸掉的是自己的口碑，重头来过的资本也会赔掉。不要低估他人的智商，他们看你捉襟见肘、四处跳跃时，可能会有些同情，但也会认为这是你咎由自取。到最后，你只会因耍小聪明落得身边无一人留下的下场，更别谈"人脉"二字。口碑的传播远比想象中迅猛，如今那些"Gina"与"猫头鹰"已经从各自的人脉圈中消失了。

不靠谱的人能影响到的，恰恰是那些相信他的人，靠谱是信用，是合作成功的关键。

我读企业管理MBA时，在一堂《组织行为学》课上，教授举了国际"信任"课题研究的权威之一、日本学者山岸俊男的一句话："安心是指'对利益分享的评价'，即对利益与风险整体的评估；信任则是'分享心意的评价'，不只是利益，还有心理上的共鸣，在不确定的情况下仍然安心。"

可能比较难理解，我尝试解释一下：安心是指在评估了可能获得的利益和潜在的风险之后，感到的一种稳定和放心的状态。它是基于理性分析的结果，是对投资、合作或其他形式的参与所涉及的利益和风险进行整体考量后的一种心理反应。信任则更为深刻，它不仅仅是基于利益的评估，还包括了情感层面的共鸣和心理上的连接。意味着即使在不确定的情况下，也相信对方。

不过山岸俊男也说过："信任和不信带给你的回报，是不对称的。选择相信一个人，如果这个人没有背叛你，你得到了一个新的合作机会。如果这个人背叛了你，你学到了一个特别有用的信息：这个人不可靠。而如果你从来都选择不信，那你就永远都不知道什么人是可以相信的，你不但没有得到机会，而且学不到东西。"我从和那位"猫头鹰"先生的合作中，就学到了后者。虽然令人苦笑，但所有经历，实际上都是我自身内在铭印的显现，这个话题我们在以后的内容中再探究。

不靠谱的人很难再建立信任，建立新关系需要更多的时间、精力、金钱和人脉投入，而耽误的时间、错过的机会可能就是最大的损失，这就是信任的成本。

做事朝三暮四，不落地，或有始无终，不靠谱。沟通没有闭环，职责范围内没有回应，也没有交代，不靠谱。做人，有来无往，有承诺却无兑现，不靠谱。

轻诺必寡信，失信不立，终归会反映在结局里。

那位"猫头鹰"先生就有这个特点——夸张许诺。不到最后绝不松口，一口咬定："我能搞定，你们别管，交给我。"结果自然是每条保证都没有做到。我不解：为什么承诺对他而言如此廉价，他难道不担心承诺兑现不了，火烧眉毛吗？他的一位合作方是这么说的："他就是抱着赌徒心态做事，不到死的那一刻都觉得会有奇迹发生，让他侥幸混过去。而且，若是赌赢了，他就逃过一劫；赌输了，大不了耍赖。"

读到这里，你可能会有和我一样的感触：为什么当一个人在新环境中得到机会时,不能脚踏实地地去把握它?为什么又要断光一批那么好的人脉关系呢?没办法,因为那样的处事风格,经年累月已经养成串习①。他们也许本心并不坏,也并非有意"不靠谱",可"听过很多道理,依然过不好这一生"的原因就在于那些串习,而且难以摆脱。就像猫头鹰的叫声,难以改变。

一个人的成就与他的特性有关。要知道,假设每个盘子都握不持久,好楼总是烂尾,不要怀疑,那一定是人的问题。本身拥有聪明脑袋但把每一副好牌打烂的人,应该从心涅槃②啊。

在前期评估这个项目时,我对信息掌握不够全面,觉得摆在我面前的项目表面上没问题,而且我可以从机制上防控隐患,但总觉得不踏实。为什么看似风平浪静的湖面,常让人感受到暗流涌动?拿我个人来说,有时对各种因素分析来分析去,结果未必正确,直觉反倒准很多。直觉,常常被视为超越了日常逻辑思维的直接认知,是一种重要的内在智慧。它与心识③的清净和觉知力密切相关。当心识不被烦恼和执着所污染时,直觉能够更清晰地显现。通过冥想、正念和其他方法,我们可以培养和提升直觉力。我之所以会陷入和"猫头鹰"先生是否合作的纠结中,主要

---

① 佛教用语,指通过反复实践某种行为或方法,以形成的习惯和心态。
② 佛教用语,原指超脱生死的境界,现用作死(多指佛或僧人)的代称。
③ 佛教用语,通常被解释为心与识的结合,是人类意识和心灵活动的总称,是人类最重要的认知、情感和意识的源头。

是"对他许诺的好处"的贪着①，以及"迫切想开启新事业"的焦虑，让我当时的内心不够平静。

"狮子座S"对我说："不要着急决定。Be honest to your own feelings（诚实对待你的感觉）。"于是，我沉静了三天，去旅行，不再受周遭讯息或者声音的催促与影响。

回忆过去的一些人生选择，有几次经历，我是"走到了哪里就觉得到了哪里，遇到了什么就觉得遇到了什么"，却忘记排除外界纷扰，去观自己的内心。那些以为的"命运安排"，不过就是随业流转罢了。心理学家荣格说："你的潜意识指引着你的人生，你却称其为命运。"那不也是我固有的习气所致吗？所以我才有那些确实没有带给我快乐的经历。如果我想改变，那就该从相似的经历中悟出错误，并借此作为增长智慧的契机。

一语惊醒梦中人，我是很感激"狮子座S"的。然后我要做的就是：通过不断的修行和学习，逐渐改变那些根深蒂固的串习，这些串习早晚会带来过患②。我要用学到的正见清除那些错误的知见，用正确的心态取代那些错误的心态。这样，我不仅能够从过去的经历中吸取教训，还能够为未来铺就一条康庄大道。

---

① 佛教用语，指对事物过度贪恋或执着，是修行中需克服的心理状态。
② 佛教用语，指过咎与灾患，即过失与不良后果。

"拨乱反正"是一个技术活,心灵上的也是。归根结底,是一场对命运的抢救。这才是"我命由我不由天",而不是被命运的洪流所左右。

我接触过一些前辈,他们普遍具有丰富的经验、广泛的人脉和出色的口才。他们能够迅速进行战略分析和规划,但往往规划多而实施少,真正能够成功落地的项目更是寥寥无几。这就像罗马城不是一日建成的,想要一口吃成胖子是不现实的,贪多嚼不烂只会让思路先变得臃肿。虽然他们的想法往往很前卫,然而竞争对手从无到有,都已经生出一大片了,他们却还是没有组起自己的局。这不是"鹬蚌相争,渔翁得利",这是人家已在舞台上较量,而你还没站上去。我甚至在共享单车刚开始火的那段时间听一个人说:"共享单车这个点子,我在20多年前就想到了。"看着他扬扬得意的神态,我不禁在心里问:可那又怎么样呢?

如果每个项目都是"只欠东风"的话,那本身就暴露出了最大的问题。有些前辈会说:"这事要有钱才能做,我需要有人多多少少投一点才能开展。"但是,如果你需要钱才能解决问题,没有钱就干等,那解决问题的是钱,而不是你。这是不是"换个人也能做"的意思?

"Think big, act small.(大处着眼,小处着手)。"我由衷同意这句话,并且时常提醒自己——眼观全局。但事业要找一个口子，凝心聚力地好好做起来。这句话也可翻译成"眼高手低"，换个角度解释，"眼高手低"其实没错——仰望星空，脚踏实地。

有位北京大学本科、中国人民大学硕士毕业的创业者朋友说过一句特别有意思的话："当初我想拯救全世界，后来有人告诉我，如果我继续这么做下去，那么全世界都救不了我。"

我曾和一位创业者朋友去看了一部电影，是我心目中的该年最佳，叫《看不见的客人》，是部悬疑片。百度百科上的剧情简介是这样的："艾德里安是一名事业蒸蒸日上的企业家，家中有美丽贤惠的妻子和活泼可爱的女儿，事业家庭双丰收的他是旁人羡慕的对象。然而，野心勃勃的艾德里安并未珍惜眼前来之不易的生活，一直以来，他和一位名叫劳拉的女摄影师保持着肉体关系。某日幽会过后，两人驱车离开别墅，却在路上发生了车祸，为了掩盖事件的真相，两人决定将在车祸中死去的青年丹尼尔连同他的车一起沉入湖底。"

在观看电影的过程中，我对我的朋友提出了一个预测："那个女人不可能是凶手，真正的凶手应该是那个男人。"尽管我朋友对此表示怀疑，因为电影的情节似乎都在暗示女摄影师是凶手，并且她在心理上无法承受事件带来的罪恶感，最终选择了自杀。而且那时剧情已经反转过了。但最后，电影结尾，证明我是对的。朋友好奇地问我是如何猜到的，我解释说，这是基于人物特质的逻辑判断。一个在事业上如此成功的企业家和一个摄影师，在面对突发的杀人事件时，如果他们的反应是企业家惊慌失措，而摄影师能冷静处理尸体，这与他们的个性特征完全不符。

以人为镜，可以避免走许多弯路。我有一位朋友，拥有复旦大学硕士学位，在创业大潮中被浪翻下……他的许多朋友现在都是行业里的佼佼者，看到他的处境都感到遗憾，他们建议他尝试其他领域，或者邀请他加入他们的公司。但他总是感谢他们的好意，然后婉言谢绝。他与那些不知道自己的问题所在而不采取行动的人不同，他清楚自己的状况，曾对我说："所有的捷径都建立在认真的基础之上。"他引用了一个故事：曾有一个人落水了，一艘船过来，他不上，说要等上帝来救。又一艘船经过，他还是不上，说要等上帝来救，终于他死了，见到上帝，质问："你为什么不来救我？"上帝说："可我已经派两艘船去救你了啊。"他意识到自己就像那个人，总在等待完美的时机，而没有抓住眼前的机会。我跟他开玩笑说，他的经历对我来说是一个警示。

德国哲学家席勒说："命运不是发生在我们身上的事，而是我们自身的一个组成部分，命运是我们如何运用洞悉力和爱的规律对事件做出反应。"

我想起一句话："创业路上有时风景差得想让人飙脏话，但创业者在意的是远方。"若将来我在创业途中不幸遇到大波折，我得提醒自己：为了远方，沉下身去，盘腿练功。培养正知和正念，把每一次的困境当作修行的一部分。学会放轻自我，放下骄傲，以谦卑的心态去接受他人的帮助和指导。这样才有机会重生。

自律贵在持之以恒

我想要这个,然后呢?

在个人成长和职业发展的道路上,耐心和稳健的步伐往往比急于求成更能带来长远的成功。正如万丈高楼平地起,需要稳固的基础。很多时候,慢即是快。

前文说到"PDCA循环",如果一开始没有耐心地规划和执行计划,那么在检查阶段就会发现许多问题,这些问题本可以在早期阶段通过细致的规划和周密的执行来避免。这时候,不是在进行有序的迭代改进,而是陷入了紧急的"救火"状态,不仅消耗了宝贵的资源和时间,也可能导致项目或计划的失败。

在"PDCA循环"的第一步"计划"中,提到我们要识别可能影响结果的关键因素。比如之前提到的,从根本上增长财富的因素是福报与德行。那么制定计划时,我们就需要将阶段性任务聚焦于如何提升福报和改善德行。

德行,或者说道德品行,它们如同内心的种子,在长期滋养中生长。这些滋养可能包括自我教育、他人的榜样,以及环境影响。德行不足往往会导致习气不佳,表现为缺乏自我控制、易怒、缺乏耐心等负面行为。相反,通过培养良好的德行,可以逐渐改变不良的习气,变得正直、诚信、善良、有责任感、尊重他人、遵守社会规范……

"现行①熏种子,种子熏现行",道出了我们行为和内在种子之间的相互作用。在德行培养过程中,这个概念可以帮助我们理解如何通过日常行为来塑造和改善自己的道德品行。

"现行熏种子",我们每一个哪怕小小的选择和行为都是"现行",如熏香一般,熏着我们内心深处的"种子",即那些潜在的德行和习惯。累日积岁,这些被熏陶的种子又逐渐成长为我们行为的自然倾向,这就是"种子熏现行"。

因此,要提升德行,我们需要意识到我们的每一个行为都在塑造我们的内在种子,而这些种子又将影响我们未来的选择和行为。

---

① 佛教用语,指当前正在表现或展现出来的相状或现象,即现实中能够直接感知或认识到的一切事物和现象。

亚里士多德说:"每天反复做的事情造就了我们,然后你会发现,卓越不是一种行为,而是一种习惯。"所以,决定我们日常用什么浇灌它比较重要。

翻开我以前的书,往事像电影一般从脑海中掠过……

坐了12个小时飞机,我拖着疲惫的身体,扛起行李,走进巴黎的地铁。地铁站几乎没有扶梯或电梯。我没有做什么出国准备,行李也是前一天晚上才花2个小时整理的。仅仅是提前备好了钱和签证,并预定好住宿。其实提早做功课还是有必要的,比如我,带500欧元面额的现金来法国,基本没店家敢收,最终只能到法国银行换。我也没有要求法国学校那边接机,于是就有了本段开头的那一幕。

我大约早上7点抵达戴高乐机场,学校在小巴黎11区,今天早上9点开研讨会,教授们给学生介绍欧洲及法国的历史与文化。学生可以自由选择要不要参加一周课程结束后的考试,如果参加并且通过,也可以算学分。我想要这个学分,于是拖着所有行李赶往学校。

那一学期我修了五门课:两门30课时的大课——Branding(品牌)和Marketing of Innovations(营销创新),都很有难度。

一次Branding课上，请到了一位来自巴黎欧莱雅的高管，他分享了一个见解："从事市场和品牌工作的人，应该在穿着上展现出精致与优雅。"这让我回想起一位在清华大学攻读MBA的朋友的话："我们的教授曾说，你们的着装和气质，要足以让人在街头一眼认出你们是清华的学生。而在校园内，更是要让人一眼看出你们是商学院的一员。"

当时乍听觉得很有道理，人总是容易受一些"权威"的观念引导。我以前就是这样，听到看似很酷的话，不加思考就接受，以至于在体内浇灌了一大堆的贪嗔痴。这不是说的人的问题，是我自己的问题：我认知的局限，造就了我理解的局限。现在，我们来细品一下这两句话的真正含义。

前一句话的一个层面是尊重他人、尊重场合，是社交礼仪。另一个层面是审美。每天能够在一分钟内决定穿什么并且穿搭得体又好看的人，拥有的是一种"厚积薄发"的智慧。这种能力源自长期的熏陶，需要一个人对生活细节的关注和对美的深刻理解。

后一句话其实是在说气质。何以见得？因为当你们实际地走在北京街头或者海淀区，你能通过着装看出来对方是哪个学校的吗？除非对方穿着清华的校服。但你可以看得出哪一位穿着新中式外套的是企业家，哪一位穿着新中式外套的是即将上台的说书人。可见气质并非来自外在物质的堆砌，而是内在修养的自然体现，是个人修行、智慧和品位的体现。所以，其实我们应该培养的是内在的平和与清净，这样的心境自然会在言行举止中流露出来，形成一种无须刻意装扮的自在优雅。

在品牌课上，我与4名美国同学和1名意大利同学组成了一个小组，共同讨论一个品牌的定位和策略。这群充满活力的"90后"外国同学在讨论中非常积极，以至于我几乎没有机会插话。我微笑着倾听，心里暗想：这些年轻人啊，将来会意识到他们的想法并不完全正确，他们的策划也不够周密。但这样的想法刚一闪过，我就感到了一丝恐惧——几年前，别人可能也是这么看待我的！现在，我从一些年轻人身上看到了他们的企图心，同时也看到了他们的能力与之还存在差距。回想起来，我过去也是如此，而一路走来，我的学长学姐们对我非常包容，他们能够理解和接纳我的成长过程。这不是因为我优秀，而是因为他们优秀，优秀的人具备向下兼容的素养。

美国人真的有种从骨子里散发出来的优越感，那种自信仿佛与他们浑然一体。这种自信不确定是否与生俱来，但肯定与他们接受的文化教育、看到的他人榜样、身处的社会环境等因素的熏陶有关。相对的，我遇到过一些美籍、加籍华人，他们的身份认同有时会出现困惑。有个有意思的故事，一位华人先生和一位美国女士结婚，先生说："我一辈子都在追求怎么样能和别人一样，而我太太一辈子都在追求怎么样能和别人不一样。"这种无奈也不是无来由的，也受到了长期的文化教育、他人榜样、社会环境的熏陶而滋长。

同一件事，不同人看待它的感受是不同的。比如，有些人可能会因为没有在节日收到祝福短信而感到失望，另一些人则可能希望在假期中不被打扰。比如，在拉丁文化中，人们可能更倾向于灵活地看待时间，而在德国或日本等国家，人们可能更重视时间的准时性和效率。《巴黎吧哩》就有一期聊到时间观念，不同国家对"守时"的理解可以说是相差很大。再比如，裸体在西方艺术中是一种常见的表现手法，而在其他一些文化中，裸体可能被视为不雅或不适当。所以，我们对于事物的感受和反应，让我们产生无奈、不舒服甚至痛苦的原因，往往不在事物本身，而在于我们的观念，我们看待它们的方式。

几次欧美同学的派对唯独邀请了我这一位亚洲人，阿根廷和印度同学的音乐美食交流会也唯独邀请了我这一位"老外"。超越表面的标签和文化差异，也许是他们感受到我真诚流露出的"平等"，态度不因种族、性别、社会地位而有差别。在与外国同学的互动中，我教他们念唐诗："君不见，黄河之水天上来……"他们学我仿照古人的姿势晃动杯子、摇一圈头、念一句诗，画面喜感。我教他们在拍照时怎么用剪刀、石头、布摆出可爱姿势。还有一次，参加一位德国朋友的生日派对，我教她们跳华语流行歌曲《舞娘》……我感谢他们以开放和尊重的态度对待我的文化与信仰，同样，我也以开放和尊重的态度对待他们的文化与信仰。

这个经历教会了我：超越个人的偏见和执着，便能够以一种更加广阔的视角来看待世界和他人。对人和世界的"设定"，其实不是"设定"了他们，其实是"设定"了自己。

我的另两门课程是15课时的小课：Negotiation&Culture（谈判与文化）和Breaking the Code of True Leadership（打破真正的领导准则）。

在《打破真正的领导准则》这门课程中，我们被教授要求两人一组，去采访一位CEO（首席执行官）以完成作业。我和一位韩国同学组成了一组。在课间相互介绍时，他有些不好意思地告诉我，他的英文不够流利，而且他没有接触到CEO的资源。为了确保我们小组作业的顺利进行，我立刻联系了一位学姐，她是韩国LG集团在我国台湾地区的CEO。她非常慷慨地同意了我们的采访请求，并且为了让采访更加顺畅，她还安排了一位韩国特助全程提供翻译。我的韩国同学对此感到非常惊讶和感激，他没想到我们的任务能够如此顺利地完成。这个小小的事例，很好地反映了"因缘和合"，各种条件的汇聚使得事情得以顺利进行。这不仅是对资源和机遇的善用，也是对团队合作和相互支持的体现。

我曾在网上或脱口秀里听到有关"Free-rider"的"吐槽"，"Free-rider"直译是"搭便车者"，是一个经济学和社会学术语，用来指那些不承担成本或责任，却享受由他人或集体努力所产生利益的人。同样面对所谓的"Free-rider"，不同人的态度也是截然不同。关键还是在于我们怎么看。你如果心理不平衡，就造成了自身内在的烦恼和痛苦，客观上你还是得设法完成作业。如果能理解对方是真的有现实的困难，那么我们在不计较个人多承担一些工作的情况下，不仅能够顺利完成作业，还能保持心情的愉悦和舒畅。不是说不要依照规则办事，而是当对方内心已经感到抱歉和不安，且事情已然如此时，那就选择宽容。

每个人的行为和选择都会影响周围的环境和他人，正如我联系学姐的决定，最终帮助了小组顺利完成任务。这看上去是一种"利他"的行为，其实通过帮助他人，我自己也获得了成长和学习的机会。而且，理解和宽容的心态不仅能提升我们自己的幸福感，还有助于我们更好地与他人合作。那位韩国同学，后面就欣然加入了《巴黎吧哩》的受访者队伍，这就是正反馈。

那时候在法国，我细细品味着异国的生活与文化，虽然巴黎的治安确实堪忧，我的手提包曾在地铁上被整个偷走，但这并没有减少我对这座城市的喜爱。我喜欢艺术，学习历史，欣赏建筑。法国人的浪漫是刻在骨子里的，比如走在路上，突然下起雨，为了避雨就近躲进一家花店，于是顺手买了一束花。

法国的博物馆对26岁以下的学生是免费的，但我仍然感激每个月第一个周日的全民免费开放日。在这一天，我会去卢浮宫、奥赛博物馆和凡尔赛宫欣赏那里的艺术品和画作。国内的寺庙，其实也是文化和艺术的重要载体。它们或隐于山林，或立于城市，承载着千百年的历史。飞檐翘角、雕梁画栋、壁画彩绘，每一处细节都透露出匠人的巧思和对美的追求。无论是庄严的佛像、慈悲的菩萨，还是威武的护法神，都展现了高超的工艺水平。除了建筑和雕塑，寺庙也是书法、绘画、音乐和戏剧艺术的聚集地。那里的壁画和碑文多出自历代名家之手,晨钟暮鼓、梵呗①赞颂是中国音乐文化的重要组成部分。作为音娱公司的创始人,走访这些中西方艺术殿堂,对我的审美熏陶不无作用。

在巴黎的街头,随处可见的捐衣箱为那些不再需要的衣物提供了一个好去处。在我即将离开巴黎之际,我发现许多衣物、包包和鞋子,即使带回国也不太可能再次使用。因此,将它们捐赠出去,对那些有需要的人来说是一种帮助,对我自己也是一种物质与心灵的双重"断舍离"。

巴黎的留学时光,跨了一个中国年,第一次体验没有父母陪伴的过年。小时候觉得一家人整整齐齐地过年是常态,长大后明白:世界上不存在常态。我们几个同学结伴而行,选择了比利时作为过年的地点。同学们能干且细心,安排了一切,包括交通、行程、住宿和年夜饭。我们品尝了速冻饺子,虽然简单,但在异国他乡,它们被煮好、装盘,再配上老干妈辣油,那一刻,它们成了我心中最好吃的食物之一。

我们通过电脑连线,边吃边观看《春节联欢晚会》。网速不佳,我们最终放弃了对节目的"吐槽",在欢声笑语中度过这个特别的夜晚。直到深夜,各自回房休息。那晚还有一个小插曲,一位同学在洗澡后被锁在了浴室,我们尝试了各种办法,但都无法打开

---

① 以曲调诵经,赞咏、歌颂佛德的音乐形式。

门。直到凌晨3点,技师的到来才将她解救出来。

比利时的中国人不少,新年那天,撒尿小童换上了唐装,布鲁塞尔大广场张灯结彩,龙车、舞扇、舞龙、敲锣、打鼓,播放着《今天是个好日子》……好不热闹。

很多朋友都问我在巴黎"习惯吗",可能留学生普遍会被问到这个问题。有一个著名的"W曲线",也称为乌型曲线或文化适应曲线,是描述人们在跨文化交流和适应过程中心理状态变化的一个模型。"W曲线"把文化适应分为6个阶段:蜜月阶段——崩溃阶段——独立稳定阶段——回国蜜月期——回国崩溃期——回国稳定期。

我是到巴黎大约一个月后出现"孤独感"的。距离和时差,让我与国内家人朋友的联系变得不那么频繁和方便。比起其他人的孤独感来自"硬核的原因",诸如心理学说的社交隔离、情感隔离、自我隔离、文化差异、社会比较等,我的孤独感似乎属于"矫情",更多是一种自我营造的情绪,好像非要在异国他乡显出一点惆怅。

过去的很多很多年,我的许多感觉更像一种心理暗示的结果,是为了展示给外界看而生的幼稚幻想。这是我的习气,给自身种下了很多祸患的种子,并且让我品尝到了深深的苦楚。

以前,我总认为人生中的每一个选择都是无悔的——从励志文学的角度来看,这也许是说得通的——我总觉得自己在每个关键时刻都做出了明智的选择。但这种看法实际上是缺乏觉知的,那只是"那个认知下的我"自以为的明智。在没有正见的对照下,"无明"的人被情绪和感觉裹着走,怎么可能做出真正明智的选择呢?

一位智者说:"凡夫的认识会受到情绪、烦恼等因素的影响,不论自以为多么理性,都无法避免这种干扰。很多时候,我们的理性还会为烦恼服务,形成所谓的立场,也就是我执①。"

曾经,当我遇到对玄学算命有研究的人,就会让他们帮我算。有一次,有人建议我:"你应该多吃新鲜的东西。"回家后,我思考什么是"新鲜",然后在接下来的半年里,我大约有三分之一的餐点选择了生鱼片。还有一次,有人告诉我:"你离父母越远,你的财运就会越好。"我就觉得他说得很对,心里把和父母的冲突归因于和他们住得太近。我真是愚痴啊!

贪婪会造孽,嗔怒会造孽,愚痴也会!我为什么没有想过"新鲜的东西"可能是指新鲜蔬菜呢?却吃了那么多鱼类。我为什么会觉得搬离父母,减少和他们的接触,就能减少日常矛盾并带来好运?体证下来的真实情况是,当我的"心"发生改变,即使和父母天天在一起,家里也能和睦相处,鲜少有争吵。

凡夫都是被无明②遮蔽,颠倒梦想,所以其实我们不知道什么是错的、什么才是对的。有时我们会把恶业当作善法做,比如"追寻个人自由"的过程中很多言行伤害到别人却不自知,甚至有人说

---

① 佛教用语,指对"自我"的虚妄认知与执着,认为存在独立、恒常的"我"或"我所"(我的所有物)。

② 佛教用语,指不能见到世间实相。常用来表示人们对于真理或事物的无知状态。

出"婚姻中不被爱的才是小三"。还有古代的一些祭祀,动物祭甚至人祭,以杀生的方式妄求神灵的庇护和保佑。还有冥婚、浸猪笼等现代人觉得不可思议的愚昧习俗,但当时真的有人认为浸猪笼是对"道德规范"的重视和维护,以及对女性不贞行为的严厉惩罚。愚痴就是如此可怕,缺乏正知正见的人,根本意识不到自己处于"无明"之中。

我们这些"韭菜"也根本不知道,一些"知识"是从哪里被鼓吹出来,比如说点餐就得吃现杀的。但其实我们明明看到鸡在被割喉的时候表情是多么痛苦。当动物面临宰杀时,会处于极度的恐惧和应激状态。在这种情况下,动物体内会分泌大量的应激激素,如肾上腺素。这些激素会在动物体内残留,当人类食用时,就可能间接摄入这些激素。长期摄入应激激素可能会干扰人体自身的激素平衡,影响内分泌系统的正常功能。例如,可能导致人体血压升高、心跳加快、情绪波动等情况,并且可能增加患心血管疾病的风险。而且动物在极度惊恐状态下,免疫系统功能可能会受到影响,身体内原本受到抑制的细菌、病毒等微生物,可能更易繁殖。例如,一些致病性大肠杆菌或者沙门氏菌等可能会大量滋生,食用这样的肉品后,容易引发食物中毒、肠道感染等疾病。难道我们真的很难判断真假吗?回归到用最简单的逻辑来思考:通过残忍的方式,怎么可能会"种"出健康呢?

如果我能更早地学习儒释道等智慧文化就好了,可惜,没有"如果"。说明那时候的我尚没有遇到这些因缘,也说明那些犯傻是我的"必经之路"。

俗语说"旁观者清",那怎么样可以看清自己呢?——跳出来。

有一年,我的母校台湾政大,每两年举办一次的"全球嘉年华"活动在马来西亚举行,我作为上海校友会副会长以及商学院上海同学会会长身份出席。期间,被国内的事务扰心,一位校友跟我说:"你可以尝试用摄像头视角看看自己。"我闭上眼睛,想象自己是右上方的摄像头,就这么看着,不带任何评判地观察着那个坐在沙发上的女孩——也就是我自己。当我这样观察时,我发现"那个自己"陷在一团愁云里。当以这个视角来看时,原本困扰我的感觉减轻了大半。

《金刚经》中说:"一切有为法,如梦幻泡影,如露亦如电,应作如是观。"

有趣的是,一些学者发现,这句话每一句的最后一个字,如果倒着念,可以连成——"观电影法"。这似乎在提醒我们,生活就像一场电影,我们既是演员也是观众。这个方法对我来说很受用,每当出现负面情绪,我就提醒自己跳出来,从摄像头视角,或者像看一场和"我"无关的电影,没有分别地看着自己的行为和情绪,我发现这个过程就像一杯因不停晃动而混浊的水终于得到了平静,它有助于我们超越自我中心的局限,达到更高层次的自我认识和理解。

回顾留学生活,也是如此,这样可以客观地看待当时的自己和那些"电影情节"。

留学，是一次全方位的锻炼。在异国他乡，我们学会了自我调适心理，处理各种人际关系，包括与多元文化、多宗教的师生之间的互动。我们遇到了很多优秀的人，从他们身上学到了很多。我们亲身经历了许多在国内不常见到的商业、生活和社会现象。这也是熏陶，使我们学着放下偏见和执着，尝试以更开放的心态去接受和理解这个世界。

学英语最好的方式是构建外语环境，培养德行也是如此，"近朱者亦"比较重要。当我们的心行稳定尚未如莲花之前，很容易"为善为恶，逐境而生"。你身边都是绅士，你自然知道怎么给女士开车门；你身边都是暴徒，你恐怕也会忍不住给看不惯的人揍上一拳。

《大学》里说："苟日新，日日新，又日新。"指一个人如果真的能够每天清除自己身心上的恶习与污染，那么他的德行和学问也将会相应地一天天崭新起来，不断取得进步。

修正行为是不容易的，何况得入心①。王阳明说："种树者必培其根，种德者必养其心。"

让我们稳步前行，不急躁，不冒进，保持耐心，不要期望立即

---

① 佛教用语，指修行者刚进入某一修行阶段时的心态和状态。

看到结果。找到正确的方向,也不省略该有的过程。因为那些看似"一朝成就",实则是日复一日、坚持不懈地打磨和提升的结果。

人生是一场马拉松,带着希望与信心去精进,其余的就交给时间。

越自律，越幸运

这部电影——《我的巴黎生活》，继续播放着……

一次，我乘坐地铁，因为只有一站路，我没有将背包放在前面。上车后，我看到一位盲人乘客想要上车，行动有些困难，于是起身去帮助他。安顿好他之后，我回到座位，戴上耳机听音乐。地铁的轰鸣声和音乐声让我没有注意到身后的动静。到站后，我正准备出站时，又看到一位老先生的东西散落一地，我便上前帮他一一捡起。然后，我像往常一样回到住处，直到在院子门口想拿钥匙时，才发现背包被打开了，当下脊背一阵发凉，反复翻找后发现放在包里的手提小包不见了，里面有钱、有卡、有护照……

本来订好了下周从巴黎到米兰、罗马到雅典的两段行程机票，计划等明天考完试，接下来的一个半月去意大利、希腊、东欧和荷兰。前几天还在为如何独自规划这次旅行而烦恼，护照被偷后，我反而瞬间释然了：哪里都不用去了，也不用纠结了。我取消了机票，决定安心待在法国。

护照被偷后，我去了巴黎警察局报案，也去了中国领事馆。无论是法国警察还是领事馆柜台的阿姨都对我非常友好和耐心。想到在法国最后的一个半月，"该体验的都体验了"，也不错，好在没有太大的损失，只是需要等待补办护照，而银行卡需要回国再补。

既然护照要等一个月，去不了其他国家，不如就在法国深度游。我立刻在网上搜索"全球最美小镇"，发现其中一个就在法国，叫Annecy（安纳西）。这个小镇以其美丽的自然风光和历史建筑而闻名，被称为"阿尔卑斯山的阳台""萨瓦省的威尼斯"和"法国艺术与历史之城"，我决定利用这段时间去探索这个美丽的小镇，享受不同于巴黎的"法国时光"。

所有考试结束后，同学们都陆续离开了。我订了火车票和住宿，带着两位同学借给我的200欧元，前往Annecy。

一下火车，我就立刻爱上了这个地方。它位于阿尔卑斯山脚下，城中的安纳西湖水就是来自阿尔卑斯山的冰雪。它处在法国和瑞士的交界处，仿佛所有的美好都汇聚于此。原本我应该精打细算如何用那200欧元在法国度过剩下的40多天，却来到了一个物价比巴黎还高的小镇，但面对湖光山色，迎面而来的笑容，我感到非常值得——接下来的一个月我就要住在这里了！

美景津目，光阴莫负。在Annecy，我住的房子内部摆设十分雅致，我也住得十分舒适。每天，我坐在阳台上，喝着红茶，看着书，抬头可以看到阿尔卑斯山脉，低头可以看到Annacy的铁轨。我去超市买食材，自己煎牛排、炒青菜、煮面，或是按照在比利时学习的技能煮饺子，蘸上老干妈酱……房间里播放着音乐*Fluid*（《细水长流》），安然地生活，思考着人生。我终于理解了法国启蒙思想家卢梭所说的，他曾在Annecy度过一生中"最美好的12年"的意味。

Annecy最负盛名的Palais de l'Isle（中皇岛），附近有座小教堂，比起很多宏伟的教堂，这个真的朴素很多，但来这里的每个人都如此虔诚。大概唯独我，是抱着看看的心态走进来的，然后，一秒钟，整个人就被它的平静洗刷了一遍。

沿着湖畔走，能到湖边市场。我到Annecy的第二天，在市场里遇到了一位音乐老师，是个纯朴的法国人，邀请我晚上去艺术学校边上的音乐厅看他上课。我真的去了。到音乐厅门口，我用英文手舞足蹈地跟法国人解释我不是来听音乐会的，而是被一位老师邀请来观摩他的声乐课的。我被带到教室,打开门,我看到里面有30多位Annecy当地的居民,大多是中年人,正在饶有兴致、颇为认真地学习唱歌。见我来了,老师拿起麦克风说:"这位是来自中国的朋友。"他们超级热情,集体把正在学的一首歌唱给我听。我用英文说:"谢谢大家,很开心!我也为大家唱首法语歌吧。"于是,我唱了一首 *Je m'appelle Hélène*(《我的名字叫伊莲》),这首歌在法国就跟《茉莉花》在我们国家一样家喻户晓。一位黑头发、黑眼睛的中国女孩口中竟唱出法语歌,这让他们变得更加热情。上完课,在学校内部的小酒吧里和大家喝了杯啤酒后,一位阿姨开车把我送回住处。

之后两周,只要镇上有音乐会,他们就会邀请我一起去欣赏。回到家,我脑子里都是那个率性女歌手边弹琴,边用略带沙哑又稚嫩的嗓音唱Jazz(爵士乐),以及她帅气摆动肩膀的样子。

朋友们载我去了许多极其美丽的地方,一路上除了"Wow"(哇哦)"Amazing"(太神奇了)之外,我真的不知道面对这样的美景还能说什么。晒着太阳,聊理想、聊生活、聊"快乐"的定义。听着车里播放 *Take Me Home Country Roads*(《乡村路带我回家》),看到了阿尔卑斯山在那个冬天最后的雪……

我像当地人一样生活,偶尔去周边郊游。搭着欧洲版顺风车,去了依云小镇,在那里找了个咖啡厅,和艺丹、Lois、

Achilles手机连线，开《巴黎吧哩》视频会议。也挑了两天去了瑞士日内瓦，听着Miss Li的*Forever Drunk*（《沉醉》），踩着节奏，走过大喷泉、教堂、咖啡厅和商店。还坐着小巴士去了一个现在已忘记名字的地方，那里美轮美奂。在那里我遇到了一对气质出众的中年夫妻，他们带着两个美丽的女儿和她们帅气的同学们，玩皮艇，躺在草地上晒太阳……正巧他们也住Annecy，傍晚时分，便开车把我顺道载了回来。

20天前我只身来到完全陌生的Annecy，20天的时间里，我体验了当地的生活，参与了音乐会，结交了纯真善良的朋友们，我融入了这里。友谊具有奇妙的力量，有朋友的地方瞬间就有了归属感。每次聊到我快离开的事，大家的不舍神情都让我动容。我们一起唱歌、一起喝酒、一起吃饭，交流中我跟他们学法语，帮他们练习英语。这正验证了那句话："行到水穷处，坐看云起时。"

为了感谢朋友们对我的照顾，在要离开的倒数第三天，我邀请他们来家里吃晚餐，我煮中国菜。不知道当初我是怎么有勇气提出这种需要对自己的厨艺很自信才会发起的邀约。买好红酒之后的一个下午，我都在厨房，边上网查菜谱边做菜。他们到的时候，我还在厨房手忙脚乱，这种"女主人"的体验，也带给我一种奇妙的感觉。我做了青椒土豆丝、番茄炒蛋、红烧肉，还算咽得下去，反正他们也不知道正宗的番茄炒蛋到底是什么味儿。吃完、喝完，我给他们放中国的音乐：《枉凝眉》《青花瓷》《茉莉花》……还为他们舞了一曲《新贵妃醉酒》。这个"Chinese night"（中国风情的夜晚），可谓是很尽兴了。

在要离开的倒数第二天，我又走了一遍Annecy的小巷，在教堂前偶遇小黑猫，与它对视10秒，它傲娇地走开，回头给我一个意味深长的眼神。我不想再忍受一遍它离去的背影，于是决定立刻转身，然后遗忘。我如约走到音乐厅，30位法国人见我到了，集体为我合唱了一首歌，然后，我的眼泪就落下来了。其实，那只是Annecy的湖水留在了我的眼睛里。

回到巴黎，我在Airbnb（爱彼迎）找了个位于三区的房子，准备在三天后回国。合租的是一位优雅的巴黎老太太，我们在厨房煮茶攀谈。厨房里有茶包，她提出要泡给我喝，我说谢谢。然后我就看着她，认认真真地把茶包放入了一杯冷水中，接着，把这个茶杯放进了微波炉。就这样，茶"泡"好了。这件事我后来经常向朋友们提起，大家都觉得非常有趣。老太太很健谈，还热情地邀请我下午一起去看一个展览，我们边聊艺术边欣赏精致的服饰，获得视觉和品位的双重享受。走到大牌华服展区时，60多岁的她兴奋不已，我很喜欢她这种纯真的模样。

就这样，我来法国时想要达成的几个目的，逐一达成，心情畅快。回国前一天，我以漫步在细雨中的巴黎左岸宣布法国之行完美收官。第二天，我登上了回程的飞机。

一件事幸运与否，短期内难以下定论，应该从长远的角度来审视。与其祈求避免不幸，不如思考如何在不幸降临时做出最有利的应对。这一点对于创业如此，对于生活中的其他方面也同样适用。

从护照被偷到被"困"法国一个多月，我的"转念能力"在逆境中发挥了积极作用。虽然我着实是"贪嗔痴慢疑"的重病患者，但这种转念能力在我后来学习圣贤智慧文化的过程中，成了我改变内在的重要助力。

30岁那一年，我经历了很多人生大事，与一种生活告别，开启另一种生活。我曾写下："一个女生，裹着棕色的风衣，踩着高跟鞋，淋着雨，被冷风吹乱头发，听着歌，哭泣着缓慢行走在巴黎街头，路过我，消失在雨雾中。我想她一定有很难过的事吧。"是的，这个女生，就是我自己。当时我陷在心事里，在最美的地方，怀着最糟糕的心情。

30岁那一年，仿佛每三个月，便像过了一个世纪，和一批人挥手告别，又遇见另一批人，然后再告别，再遇见。回望那段记忆，恍若隔世。一路跌跌撞撞。我不知道哪些人在远去，哪些人又在到来，哪些人会治好我的健忘，我又会走过哪些人的心……

然后，带着遇见和遗忘，最终依旧是我陪着自己。

老天是公平的，他给了你很多鲜花的时候，也会在里面放几只恶心的虫子。我曾经无知无觉、没有防备，跌进生活给我安排的套路里。虽然说了很多潇洒的话，实际上却要很努力地爬出来。是啊，我们终归不能任生活摆布，一定要望着天上的星星，爬出来。多年后，在学习智慧文化、圣贤文化、正确观念以后，我终于明白了，那时的境遇起源于我自己的阴德有缺。生活之所以能"套路"我，完全是因为我的无知和贪心。我吃过的亏怪不了别人，能做的就是——接纳与承担。知错方知忏悔，忏悔方能改错。

我曾写过一段歌词，那首歌登上过咪咕音乐的热歌榜。

> 这一路跌跌撞撞
> 禁不住受些委屈
> 浅浅笑一笑
> 而从不轻言放弃
>
> 错就错了
> 不过是一场回忆
> 生活需要勇气
> 哪怕被世界抛弃

也要化个妆

抬起头 识大体

晒晒太阳 听听风

大笑大哭 不需要被怀疑

经历堆砌最好的我

不会轻易地举白旗

经历带来经验,经验本就是财富。只要有反思的能力,以正知正见为引导,那么逆境就是修行悟道的增上缘①。也许有人觉得当下的处境糟透了,其实拉长时间轴,你会发现那也许是件礼物。哪怕过去的经验有时会误导你,让你在面对相似的问题时条件反射般泛起熟悉又久违的害怕,但你不会再选择缴械投降,因为你自身的状态已经变了。类似的处境,对于过去的你而言是困境,对于现在的你而言早已不是,而是一件说过就过的小事。

当我们的心不再惧怕,坦然接纳,选择自律,不由着贪欲、愤怒和无知所驱使、摆布,不种下坏种子,我们就通过了天道伦常的考验,相似逆境的"考题"就不会再出现。

虽然时常会陷入艰难的处境,但也没有到无路可走的地步。

---

① 佛教用语,是"四缘"理论中的一种间接因缘,特指对事物生起、结果达成起到辅助性、间接性支持的因缘条件。

有时只是自虐情绪作祟，单曲循环悲歌，让自己沉溺在自己设定的情绪氛围里，不想出来。一株小苗，我却用一棵大树的伤感去浇灌，这就是一种病。自我的心理暗示太重要了，所以最终这个世界就是自己和自己的一场游戏。心境得靠自己走出来。幸运的是，老天在一个我尚且可以承受、可以转弯、可以选择的阶段，让我领略到圣贤智慧文化的深刻内涵，这些智慧成为我人生旅途中的重要指引，帮助我在面对挑战时做出明智的决策，引导我找到通往幸福和成就的道路。这足以证明老天对我的眷顾。这就是我为什么说："老天一直想教我很多东西，却始终不忍心忘记厚爱我。这就是我的幸运。"

我们始终要有那种，把"进退两难"的处境转变为"进可攻，退可守"的本领。

许多认识或不认识的朋友们给我留言，说每天都会看我的微博、微信朋友圈，从中获得力量。其实我每天也会翻看我所喜欢的偶像发布的内容，从中获得共鸣与力量。因为我们知道，其实每个人都不是完美的，每个人的生活也都不会是完美的，都会有各种各样的快乐在体验，也都会有各种各样的问题要面对。你喜欢的偶像也在应对事业或生活中的种种烦恼，他们若能把更糟糕的情况处理得妥当，这就会给你励志的力量。这种励志的力量不是因为偶像们在享受完美人生，反而恰恰是因为他们面对不完美的人生时所做的选择、付出的勇气和攻克一切的所向披靡。也就是说，任何事都不是容易的，任何所得都不会如外界所想象的那么轻易。没有那么多浮于表面的正能量，最好的正能量就是修好自己的心，过好自己的生活，然后，别人看到你的状态、你的生活就是充满动力的。

由事件与时间淬炼出的强大，不在于这个人外在表现是否强硬，而在于内在的沉着与冷静——痛而不言、笑而不狂、遇事从容、待人谦和、理解礼貌、豁达光明。时间诉说答案，时间不会辜负。

自律是有专注当下的能力

原本这一章节在之前的版本中名为《自律是生活里的仪式感》，上一版的内容如今我已不再认同。当时引用了法国作家安托万·德·圣-埃克苏佩里写的著名儿童文学作品《小王子》里的一段。

狐狸对小王子说："你每天最好在相同的时间来。比如说，你下午4点钟来，那么从3点钟起，我就开始感到幸福。时间越临近，我就越感到幸福。到了4点钟的时候，我就会坐立不安，我就会发现幸福的代价。但是，如果你随便什么时候来，我就不知道该在什么时候准备好我的心情，也就缺少了一定的仪式感。"

"仪式是什么？"小王子问道。

"这也是经常被遗忘的事情。"狐狸说,"它使某一天与其他日子不同,使某一时刻与其他时刻不同。"

写得很有道理,却也道出了生活的真实面貌:幸福是一种不稳定的感觉。期待被满足,就感到幸福;不被满足,就感到痛苦。像狐狸被"驯养"一样,我们常把幸福的钥匙交在别人手上。于是,为了捕捉更多的"小确幸",我们创造了各种各样的"仪式感",让"期待"充斥在我们的生活中,一旦哪个期许没有被满足,就感到失望。然后,我们发现,"符合期待"的幸福感一次比一次减弱,获得幸福的阈值越来越高,"期待落空"的失落感却针针扎在心上。

《小王子》里作者写道:"你在你的玫瑰花身上耗费的时间,使得你的玫瑰花变得如此重要。"没有深刻的体悟,是写不出这样的话的。所以,付出越多,情感的依附也越深。就像商业中常说的,投入越多,越难割舍"沉没成本"。然而,书里还有一句:"如果你想要与别人制造羁绊,就要承担流泪的风险。"可见,真正的幸福,向外求是求不到的。有一本书叫《心,才是幸福的关键》,作者是一位智者大德,济群。"发心求正觉,忘己济群生",济群法师在书中从多个角度向读者阐释了世界和生命的本质,引领读者向内自观,把握当下,正确看待自己的欲望,探究意识和情绪的本源,从而培养看待自己和世间万物的正确心态,拥有善念,明心见性,真正修得感悟幸福的能力。

刻意制造的仪式感，就和刻意制造麻烦差不多。而真正的仪式感，是专注当下的体验。

《人民日报》曾言："如果你抑郁，说明你活在过去。如果你焦虑，说明你活在未来。如果你平静，才说明你活在当下。"的确如此，当一个人处于抑郁状态时，往往深陷于过去的痛苦、遗憾或失败之中难以自拔。过去的经历仿若沉重的枷锁，致使我们反复回忆过往场景，不断自责，进而陷入消极的情绪循环。而焦虑通常源自对未来的不确定以及过度担忧，我们会臆想各种可能出现的负面结果，为尚未发生的事情而惴惴不安。与之不同的是，活在当下有着别样的意义。活在当下意味着专注于眼前的事物，用心去感受此时此刻的每一个瞬间。比如，在欣赏一朵花时，全神贯注地观察它的颜色、形状和纹理，不去想过去的烦恼或未来的忧虑。这种状态下，我们能够更好地体验生活的美好。长期习惯于此，自然平静坦然。静能生慧，久而久之，更能充分发挥自己的能力，遇事也能做出明智的决策。

曾获诺贝尔和平奖候选人提名的越南著名禅宗僧侣、诗人、学者一行禅师，曾写过一本书《活在此时此刻》。他还有很多畅销著作，例如《与自己和解》《和繁重的工作一起修行》等。他写的《故道白云》深深震撼过我，我在阅读至那本书的后半部分时，当天晚上做了个殊胜的梦，梦见我的前方天空是一片金色的光芒。很多像他这样的智者大德致力于将古老的智慧与当代生活相结合，为现代人提供心灵的指引和解决问题的方法。

《活在此时此刻》是一行禅师所著的自传修行手记,讲述了他的一生,由一系列真实的小故事组成,道出专注地活在此时此刻的意义。例如"喝茶的两个小时,我们赚不到钱,但可以拥有生活"。这种"仪式感"才是通往内心"Peace and Love"(和平与爱)的通道。在《故道白云》这本书以及印度电视剧《佛陀》里,都呈现了一副极为经典的场景。两千多年前,悉达多太子成道后,教导正念吃橘子的方法:全神贯注地感受橘子本身,每一个动作、每一丝味道和每一种感觉,不要让思绪飘到过去或未来。

这才是真正高级的"仪式感"!自律就是要有专注于当下的能力。这种能力可以帮助我们摆脱杂念的干扰,真正地体验此刻的美好和真实,从而达到内心的平静和解脱。

"禅茶一味"在日本茶道中是一种重要的理念和精神追求,早在公元9世纪早期,禅宗僧人将茶叶带到了日本。在这当中,僧人荣西对茶在日本的传播可谓功不可没。他曾两度来到中国学习,不但带回了禅宗思想,还把茶种以及饮茶的习惯一同带回了日本。

后来,村田珠光——被誉为日本茶道的开山鼻祖,他原本是奈良城名寺的一位僧侣,之后四处流浪并潜心学习茶道。在跟随大德寺著名的一休和尚参禅后,他大彻大悟,主张茶人应当摆脱欲望的羁绊,通过修行去领悟茶道的内在精神。他将禅的精神融入茶道中,完成了从单纯追求饮茶形式到追求精神解脱的重大转变,把日本茶文化提升到了"道"的高度。他还把宋代高僧圆悟的墨迹悬挂在草庵茶室的壁龛上,由此开创了在茶室壁龛悬挂禅师墨迹的传统，为茶道增添了极为浓厚的禅意。

还有一位代表人物千利休，他是日本茶道的集大成者。千利休将"侘寂"（日本美学意识的一个组成部分，一般指朴素又安静的事物）引入茶道，大力强调朴素、自然、简洁的审美观念。在他看来，茶道不仅仅是一种饮茶的仪式，更是一种修行的方式，通过茶道能够实现内心的平静与觉悟。他对茶道的仪式、茶具、茶室的布置等方面进行了一系列的改革与创新，使得茶道更加符合禅的精神。

走进一间精心布置的茶室，安静是最先扑面而来的感受。没有外界的嘈杂与纷扰，仿佛时间都在此刻静止。在这里，每一个细微的声音都被放大，那是茶叶在沸水中舒展的声音，是茶壶轻放在茶盘上的声音。自然采光倾洒而入，为茶室增添了一抹柔和的光辉。那温暖而不刺眼的光线，仿佛是大自然给予的最温柔的拥抱。在这样的光线下，每一片茶叶的纹理都清晰可见，每一个茶具都散发着独特的魅力……"禅茶"时，我们专注于泡茶、品茶的每一个细节，让内心沉静下来，摒弃杂念和浮躁。

我第一次接触禅茶，是和上海交通大学高净值（可投资资产达到特定阈值）总裁班的朋友们一起去温州安福寺体验到的。当时因为心一直浮在外面，想着事业、想着脱单，总之就是没有想着好好和这么优美且静谧的环境"待"在一起。在看着义工姑娘们身着朴素，缓缓走来为我们泡茶时，我也在忙着拍照片、修照片、发朋友圈。因为平时喜欢喝茶，觉得她们这儿的杯子也太小了，而且每次加茶水的频率也太慢了。但茶是好茶，觉得不够喝，就给她们眨眼，希望再给我添上……

就这么三年过去了，直到和上海交大高净值班的一位女企业家带着她公司30多位骨干团队再去安福寺的时候，我再次体验禅茶。这位女企业家，也是双鱼座。这是本书提到的第3位双鱼座人士了。可见，星座只是参考，不能作为用来"定义"人的判断标准。她外表大气温柔，内在坚强无比，领导着几百人的物业公司，是上海百强企业。此次她带了36人骨干团队到安福寺参加为期三天两晚的静修营。我作为唯一友人同行，在听到他们分享那一年上海特殊时期"最美逆行者"的故事时感动落泪，团队中的中年男人们也默默抹眼泪。她对骨干们说："你们是可贵的，作为'物业'人，在那个时候，你们去到一线，抢到一颗卷心菜，也是先想着让你们的团队成员有得吃。你们很难的时候打给我倾诉，我陪着你们哭。你们可能好奇我是怎么扛过来的，是啊，我是总经理，我没有人可以诉苦。那段时间，我打坐、抄经，让自己的心静下来。安福寺我来过三次，受益很多。这是第四次，我想一定要带着骨干团队来。"这就是此行的缘起。

她有一个女儿，传承了母亲外柔内刚的性格，善良且自律。她从英国留学回来，热衷骑马，去世界各地骑，得过冠军，拥有一匹自己的马。那次去安福寺的时候，她刚生完一胎不久，作为二代接班人,她正面临着新手妈妈和企业接班人的双重课题。由于我俩只差5岁,所以平时更多的是我们一起玩耍,尽管我先认识的是她的妈妈。

她的烦恼在其他人看来或许不算多大的事,但众人的烦恼本就各不相同,烦恼是每个人自生的,没有参照标准。有些特质,与年龄无关,能保持天真,是修行,也是福报。

同样具备这样既"好命"又善良的,还有我们MUSINESS公司的Tina。她曾独立在德国留学7年,是吕贝克音乐学院作曲专业硕士,师从德国著名作曲家Dieter Mack教授,时任吕贝克音乐学院副院长、DAAD德国学术交流中心音乐委员会主席。Tina家境优越,却从不以此自傲,不攀比,不虚荣。她的座右铭是:自律终得自由。这与她从小生长的家庭环境密不可分,她的父母对她有着非常好的"以身作则"的家庭教育。她说她妈妈在怀着她的时候,还正在准备着MBA考试。

她的作品《夜》曾获得美国Barbara Tiao作曲比赛第一名。2016年受邀担任德国IMPULS音乐节2017年开幕音乐戏剧*Spiel im Sand*(《沙中游戏》)主创,该作品在哈雷歌剧院、马格德堡剧院等地进行了多场演出,反响热烈。她还曾凭借打击乐协奏曲*P.I.C.C.*成为吕贝克音乐学院新作品比赛唯一优胜者,该作品由吕贝克室内乐团Lübecker Kammerorchester在吕贝克、汉堡等地多次演出。而且,她的多部作品曾上演于勃拉姆斯音乐节Brahms Festival Lübeck、music@cetera女性作曲家专场音乐会等。

在学业压力那么大的情况下,她还辅修了文化产业管理专业。她说她压力大的时候,舒压的方式是"正念静坐"。回国后,她的第一份工作就是进了MUSINESS,一直到现在。几年来,她在公司踏踏实实工作,认认真真学习提高工作能力。不贪、不骄、不躁、诚实、守信、靠谱,只争取她应得的,不该拿的多一分也不要。知恩、感恩,有德行、肯努力,既自律又上进,这样的姑娘实在是可贵。

举个例子吧。有一次,上海市发放消费券,消费券是切实能当作现金减免使用的,但数量有限。第二天到公司,我跟大家说我抽中了,大家没抽中,纷纷夸我运气好。然后我问Tina:"你呢?"她说:"我没抽。"我惊讶地问为什么,她回答:"因为我觉得别人比我更需要。"是啊,我不禁在心里感叹:福报和智慧是相辅相成的东西,你看,她有福报,但是她选择"不兑现"。

我觉得我是依靠学习圣贤文化,才终于赶上了她们本身甚至与生俱来就具备的心性。

说回那次禅茶体验,那时我已经学习智慧文化两年多,才稍微"品"出了那杯茶的味道。我听着话筒中的指引,先双手缓缓端起茶杯,观察茶汤上冒着的热气的流动,闻味,慢慢喝一小口,让茶汤在口中停留,我感受着它流淌在口中每一处的感觉,再下咽,体会茶汤在身体内的流动。那时候,我喝到了以往喝茶从来没有过的味道。那时的我,不进入过去,也不进入未来,专注在当下,静静地和自己在一起。那种感觉真的太美妙了，仿佛所有"来之前的烦恼"和离开这里以后回到"现实生活"中的焦虑都不见了，我像是被宁静祥和包围着。我明白了，真正的幸福，往往不是通过外在的追求所能获得的，而是源于内心的理解与接纳。

你们看，品茶品出了这样的"仪式感"，不仅可以帮助我们修身养性，摆脱欲望的纠缠，达到心灵的宁静与平和。还可以起到文化传承和交流的作用。高不高级？

自律的人，拥有两倍人生

"人生海海"，这个词颇富哲理。它是说人生像大海一样变幻不定、起落浮沉，或许风光，或许悲哀，或许一生都茫茫，随波逐流，没有去向，但总还是要好好地活下去。这里道出了"无常"和"坚持"。世事无常，但我们得坚持，向美好的方向进发。

在浩渺人生中，我们都在追寻一种更为充实、更具意义的存在方式。尽管人的生命的长度终是有限的，但我们可以无限拓宽生命的宽度和厚度。而自律，可以让我们拥有两倍的人生。

在一次采访中，NBA传奇球星科比·布莱恩特被问及为何如此成功，他反问记者是否知道洛杉矶凌晨4点钟是什么样子，他描述说:"满天星星,寥落的灯光,行人很少。"科比向来以极度的自律和对训练的狂热著称,他的这个回答其实表明了他成功的原因正在于此。可谓是"知行合一",对成功路径有清晰认知,更能在行动上坚定地践行,从而在篮球领域取得辉煌成就。

我们先不必用这么高的标准来要求自己。毕竟,像科比这样的自律是一种极致的境界,并非每个人都能轻易达到。但这并不意味着我们不需要自律。我们可以从一些小的方面做起,逐步建立自己的自律习惯。其实自律更像是一场马拉松,而不是百米冲刺。正如曾国藩所言:"用功不求太猛,但求有恒。"我们只要坚持朝着正确的方向前进,每一小步的积累都可能带来意想不到的收获。

"不自律"这个习惯,往往伴随着散乱。日常容易被各种外界因素所干扰,手机的一条消息、周围人的一点动静,都能让注意力瞬间转移。这种缺乏专注力的状态,直接导致了效率低下。例如在学习新知识时,不自律的人可能会一边看着书,一边刷着手机,看似忙碌,实则知识吸收甚少。在工作中,他们可能会在任务还未完成时,就开始做一些与工作无关的事情,如闲聊或者浏览无关网页。这种散乱的生活和工作习惯,使得他们在同样的时间内完成的事情少之又少。同样的时间,对他们而言是单一维度的延伸,是所谓的一倍人生。

然而,自律的人则展现出完全不同的风貌。他们如同技艺精湛的工匠，自律使他们能够排除外界的干扰，将全部的精力集中在当前的任务上。在学习时，会创造一个安静的环境，沉浸吸收和理解新知识。工作中的自律者，有计划，有专注，有条不紊地推进各项任务，严谨而高效。就像著名作家村上春树，众所周知，他也是一个极度自律的人。他每天坚持早起，跑步锻炼，这一习惯数十年如一日。跑步不仅让他拥有健康的体魄，还锻炼了他的意志力。之后，他会坐在书桌前开始写作，每天都要求自己完成一定的字数。他给自己设定了严格的写作时间和任务量，在写作过程中，他专注于自己脑海中的故事和文字，不受外界干扰。这种自律让他能够持续地产出高质量的作品，从《挪威的森林》到《1Q84》等众多经典著作，而且这些作品在世界范围内广受欢迎。自律使他在文学领域取得了巨大的成就，他在有限的生命里，通过自律拓宽了生命的宽度和厚度，这就是拥有两倍人生的体现。

除了"PDCA循环"，我在教授《效率管理技能之时间管理》课程时，还会提到另一个模型：时间管理四象限。它是由著名管理学家史蒂芬·柯维提出的，依据事务的"重要性"和"紧急性"作为两个维度，将事务划分为四个类别：重要且紧急（第一象限）、重要不紧急（第二象限）、紧急不重要（第三象限）、不重要不紧急（第四象限），从而帮助我们分清事务的轻重缓急，进而更有效地安排时间和精力去处理它们。我们不难知道，"重要且紧急"的事以第一优先级去做，"不重要不紧急"的事放最后去做，甚至可以选择不做。中间两类，我常会问学生们先做哪个。学生们各站一边，各有理由。

最后我会解释：重要不紧急的事，要把它切开，分阶段去做。就像写论文，虽然deadline（截止日期）在明年4月份，但如果一直觉得困难而不落笔，那到明年4月份的时候估计会焦虑得想尖叫。如果分割任务，比如这个月先明确研究方向，接下去两个月完成资料检索等，因为给每个小任务设置了时间节点，意味着把每个小任务变成了"重要且紧急"，那就在约定的时间内把它完成，不至于积重难返。

而紧急不重要的事，应该授权别人去做。比如办公室突然来了一批办公用品需要整理摆放，但这件事本身并不需要你亲自去做，你就可以授权给办公室助理或者实习生去完成。不要什么事都想自己做，不要抱着"与其花时间跟别人交代不如自己完成"的心态，也许当时你的事情很多，但别人正好有时间。对你来说，此事的重要性很低，要把排在它前面的10件"重要且紧急"的事办完，你才会来考虑它，但对别人来说，听完你的交代，可以立刻去处理完毕。如果你没交代下去，结果当你处理完第9件事时，又临时突然插进来新的"重要紧急"事项，那件事又不得不被耽搁，而你明明知道它是"紧急"的。

如果将时间管理融会贯通，自然就如同在有限的时间里活出了两倍人生。

而自律体现在两点。

第一在于"选择"，知道怎么划分，也就是说哪些事务属于重要且紧急，哪些事务属于其他三个象限。所以，光懂得理论而"纸上谈兵"是没有用的，这实则是一道关于选择以及归类的应用题。

第二在于"心态"，面对四象限的任务，你是否真的会去做。还是说虽然把事务划分好了，却抵挡不住诱惑，在第三、四象限事务上浪费大量时间，比如无目的地刷手机。结果在第一象限焦头烂额，又忽略了第二象限。

本书前一版本的这个章节，我写的是通过自律可以把握机遇，把握机会就能实现两倍人生。并且以自己为例，讲了如何多领域尝试，做好时间管理、身兼多重身份，认为那便是达到了双倍人生。还是太年轻了——那只是"双倍"体验而已。

当时觉得自己横跨了商业和艺术两个领域，读了商学院硕士，创业，写书，还进行音乐作词，偶尔还上电视综艺，不过现在看来也并非稀奇之事。面对新事物、新领域、新机会，愿意去把握总归是好的。曾听一位EMBA教授说："IBM（国际商业机器公司）发明了一个词，叫作'Flexiposive'，是'flexible'（有弹性的）及'responsive'（反应敏捷的）的结合。"讲现在的人才需要具备如此特质：够弹性、够快，还要能贴近客户。所以，我当时在书里反问了大家："愿意辛苦在前面还是辛苦在后面？"于是，劝大家把握机会。

当时对"机会"，我有这样的一段描述：机会不会告诉你自己是机会，它会"易容"成其他模样，有时是细节，有时是尊重，有时是大局观……它靠近你，直到有些人抓住了，有些人不屑地走开，机会才找到了它的主人。而那些当时有太多理由走开的人，他们内心总在抱怨：为什么机会从来没有眷顾过我……

可是，正如前文所说："你所认识的对象，没有离开你的认识。"那么，机会自然也是。认不出机会，能力是一方面原因，但会不会就是业力挡住了你的眼光？所以，还是那句，"有道无术，术尚可求也；有术无道，止于术"——得上"道"啊！

观念指导心态。如果观念停留在"把事做好"，那心态就是"把事做好"；要是观念转变为"以出世的心态做入世的事"，那么观念决定心态，心态决定选择，人就会选择"以出世的心态做入世的事"。前者即便做得再努力，也不过是一倍人生；后者则是打开了格局，由此展开了两倍人生。自律，就是朝着"正见之道"转变观念，进而迭代生命品质。

比如我们可以这么看——

不自律的人往往难以控制自己的欲望和行为，内心缺乏一种坚定的自我导向力量，因此会试图从外界获取满足感来填补这种内心的空虚。例如，当他们想要获得快乐时，不是通过自我成长或完成任务后的成就感，而是通过购买更多的物质产品、寻求他人的赞美等外部方式。因为他们没有能力通过自律来调节自己的情绪和行为，只能依赖外界给予的刺激。

不自律的人可能更容易受到即时满足的吸引，比如难以抵制眼前利益或享受的诱惑，美食、娱乐等。一旦习惯于追求这些外部的即时满足，就会缺乏延迟满足的能力，而自律的一个重要表现就是能够延迟满足，为了长远的目标放弃眼前的小利益。不自律的人在这种情况下，就会不断地向外索取这些能带来即时满足的事物。

不自律的人通常内心没有一个稳定的价值体系来引导自己的行为。因此，只能随波逐流，被外界的潮流和他人的期望所左右，不断地向外索取那些被社会普遍认为有价值的东西，比如金钱、地位、他人的羡慕等，试图通过这些外在的东西来定义自己的生活意义。

自律的人之所以会自律，至少明白真正的成长和进步来自自身的努力和修炼：只有通过不断地审视自己、提升自己的能力和品质，才能实现个人的持续发展。例如，自律的人知道通过自我反思可以发现自己的不足之处，然后通过学习新知识、培养新技能等内修的方式来改进自己，就像运动员通过自我训练来提高竞技水平，而不是依赖外部的运气或他人的替代。

自律的人清楚，外部的事物往往是短暂的、易变的，只有通过内修获得的内心的充实、能力的提升才是持久的，所以自律的人会注重长期的目标和深层次的满足感。比如一个自律的创业者，他知道依靠一时的市场机遇（外部因素）可能会取得暂时的成功，但只有通过不断提升自己的领导力、创新能力、资源整合能力等内在素质（内修），才能在长期的商业竞争中保持稳定并实现更大的价值。

自律的人在不断的自我约束过程中，建立了对自己的信任。

相信自己有能力通过内在的努力来克服困难、实现目标。于是更加倾向于内修，因为知道自己是自己成长的最可靠的推动者。比如一个人如果自律，他会选择通过长期坚持锻炼以及合理的饮食控制去塑造理想的身材，而不是依赖于外部的减肥产品或不切实际的健身捷径。

如果单方面地向外索取，是一倍人生。那么内外兼修，就是两倍人生。内修，不断提升自己的品德修养和精神境界。外修，承担责任，积极利他，不仅为自己创造价值，也为团队和社会做出贡献。这不是在有限的生命长度里拓宽了宽度和厚度，那还是什么？

为自己努力，效果是一倍，但利他所返回来的能量，效果可不止两倍。

除此，单从选择上来看：于己有利，是一倍人生；于人于己皆有利，便是两倍人生。

所以，自律超越自我，成就双倍人生。

第三部分 精进人生
——打造你的优质人脉圈

2017年底，我有幸受邀在世界著名私立大学——约翰斯·霍普金斯大学的《商业领导力》课堂中进行分享。约翰斯·霍普金斯大学是美国第一所研究型大学，也是北美顶尖大学学术联盟美国大学协会的14所创始校之一。截至目前，该校的教员与职工中共有37人获得过诺贝尔奖。此次课堂希望我分享作为女性领导者在面对困难时，如何保持信誉和沉着，以及怎样建立有效的人脉、关系与资源。

"人脉建立和资源整合"一直是大家对我深感好奇的地方，也是我接收到的询问度极高的问题之一。然而，我本身确实没有刻意去经营人脉。正在我为如何演讲这个主题而发愁的时候，墨子攻给我讲了这样一个故事。

在某个周末,我想要把一群朋友聚在一起吃一顿火锅。首先,我给做菌菇生意的A打了电话:"我打算在周末办一个火锅派对,其他东西都已经准备好了,唯独缺一些高品质的菌菇,不知道方不方便请你带菌菇来呢?"A爽快地回答:"没问题!"接着,我又给有新鲜蔬菜采购渠道的B打电话:"这个周末我们一群老朋友聚聚,吃火锅,其他东西都准备好了,就是蔬菜可能不够,你那里的蔬菜都是最新鲜的,带几样来让我们尝尝呗?"B回应道:"那有什么问题呢,好!"就这样一圈联络下来,最后我打给F:"之前不是说好找个周末聚聚吗?这周末怎么样?吃火锅!食材都准备好了,这场地嘛,看来看去还是你家最有气氛,要不去你家聚?"F回答:"行啊,来来来!哈哈。"

有效的资源整合不仅仅是将各种资源堆砌在一起,而是要让它们相互协作,发挥出最大的效益。如此一来,每个人虽然只贡献了一小部分,却享受到了整场火锅派对,对每个人来说,都是"赚"的。而我呢,你或许以为我什么都没提供,却占了最大的便宜?但我难道不是提供了一张网吗?让网上的每一个"结点"都提供了他们最擅长的东西,而我负责织出这张网。

这张网,便是人脉。

举两个真实例子。我在台湾出版第一本繁体书时,出版社在台北的一所书店为我安排了一场新书分享会。但我觉得南北各举办一场才圆满,然而时间紧张,书店场地又都被早早预订满档。而且,我期望举办一个别样的分享会。

于是,我想到了墨子攻,打电话向他借了一艘游艇,从而解决了场地问题。很荣幸的是,他还安排他们公司的区域总经理帮我开船。与此同时,我又打电话给一位电视台的总监朋友,他帮我联络了台湾四大报的记者。至于主持人,我发信息给一位学姐,她是专业主持人,她也欣然答应来主持活动。出版社则帮我发布通知给读者。最终,我只需打扮得美美地出席即可,其他的"食材"都由拥有专业资源的朋友们帮忙搞定。

我的母校台湾政治大学的上海校友会举办了"第十届世界嘉年华"。这个嘉年华已有20年历史,每两年举办一次。这一次,有近500位来自加州地区以及纽约、吉隆坡、墨尔本、台北、高雄、香港、温哥华等地的校友专程飞来参加这场盛典。我很荣幸地担任了晚宴的主持人。整场嘉年华为期两周,涵盖了观光、游船、旅行和晚会等活动,被赞誉为史上规模最大、办得最好的一届。

嘉年华盛典圆满结束后的第二天,我询问校友会秘书长是找了哪家公关公司,因为我正好要承办一个很重要的活动,想找一家好的公关公司来配合。秘书长听后哈哈大笑,说道:"哪有什么公关公司呀,公关公司就是我们自己的校友义工团队。除了旅游是找了旅行社之外,其他的环节,包括晚宴都是校友们自己搞定的。"接着，她向我举例道，"就拿晚宴来说吧，导演ST学长是某全球知名的日本大型综合性跨国企业集团高管，负责过好多次该公司的新产品发布会；负责礼品的N学姐是某全球领先的支付公司的高管；负责财务的M学姐是某台资银行的高管；负责场控的A学长是某著名食品公司的资深公关经理；负责管理所有人员就位时间的我，是资深猎头……你说说看，这个规格，哪个公关公司能有呢？"

确实如此，这次的嘉年华规模庞大，且规划有序。不得不说，义工团队的校友们实在是厉害，他们热心于分工合作，又能做到机动补位、互助协作，最终成功地将这场盛典办得如此漂亮。毫无疑问，这就是一场资源整合的绝佳范例。

有些人可能会在没有明确计划的情况下，盲目地投入大量资源，结果往往是资源的浪费和目标的失败。或者，有些人可能在资源整合过程中缺乏协调和沟通，导致资源无法得到有效利用，甚至产生冲突和矛盾。

为了避免这些情况，我们需要在资源整合时注重策略和方法，确保资源能够得到合理分配和利用。这包括明确目标、合理规划、有效沟通和协调，以及持续监控和调整。通过这样的方式，我们才能确保资源被用在刀刃上，从而更有效地实现我们的目标。

《红楼梦》中有句话："好风凭借力，送我上青云。"在我创业的过程中，对这句话更是深有体会。都说"人"是最难的，契合的人才确实十分难求。所以，身边若有那种厉害又靠谱的伙伴，实在是一件极为幸运的事。当你要办一场"嘉年华"时,会发现能够即刻找到这些人,从而把整个台子搭起来;当你找到了那些人,只要他们在那里,就会让人瞬间有种"安心"的感觉。

资源整合,就仿佛一场嘉年华,是参与者的狂欢。

自律通往优秀，优秀吸引人脉

从"品茶"这一兴趣中，我发现一件有趣的事——同样的茶叶，若以不同的水泡制，味道竟相差悬殊。即便是顶级红茶，遇到普通的水，也难以尽显其本味，无法沁人心脾。

这说明，决定你境界的往往不仅在你本身，也在于你身边的环境。

之前我们说"心能转境"，前提是得有这个能力。这得依靠修行，培养强大的内心力量和智慧，才能使得我们不被外在环境所左右，而是以积极、平和、慈悲的心态去面对和转化外在的境遇。但在没有"刻意训练"之前，我们的心太容易受到外在环境的影响而发生变化了——处于顺境时，我们就心生欢喜、骄傲自满；处于逆境时，我们又陷入痛苦、沮丧焦虑……我们内心的定力就是这么不堪一击，连对自我情绪和心态的掌控能力都很弱。

人生恰似品茶，再卓越之人，若长期与不善之人共处，亦终将退却优秀的特质。纵然看似"优秀"，但这样的优秀不过是相较乌合之众而言，又能够优秀到哪里去呢？所谓"出淤泥而不染，濯清涟而不妖"，但我们首先得锤炼出如莲花般的高洁品格以及不被污泥"同化"的坚毅。金子才会发光，铁只会生锈。所以，人本身很重要，但环境也很重要。

《孔子家语》中有一句："与善人居，如入芝兰之室，久而不闻其香，即与之化矣；与不善人居，如入鲍鱼之肆，久而不闻其臭，亦与之化矣。"意思是，和品德高尚的人在一起，就如同进入了摆满香草的房间，时间久了就闻不到香草的香味了，因为自己已经和香味融为一体；而和品行恶劣的人在一起，就好像进入了卖咸鱼的店铺，时间长了也闻不到咸鱼的臭味了，因为自己也被臭味同化了。

很多人没有意识到自己已经积聚了大量的负能量，还与其他充满负能量的人交流、相处，更免不了相互感染，犹如慢性病一般，平时不显山不露水，然一旦病发，则极具危害。我们一直在强调要远离"垃圾人"，因为如果你没有充足的定力、能量和做好充分的准备，想感化他们恐怕会感到心有余而力不足，到时候别说帮助他们了，很可能会陷入"泥菩萨过河自身难保"的境地。

一部古老的经典《吉祥经》的第一句就告诉我们："勿近愚痴人，应与智者交，尊敬有德者，是为最吉祥。"这里的"愚痴人"，不是指和你意见不一致的人，更不是指"傻人有傻福"的"傻人"，而是指——没有智慧的人，对大道、真理和宇宙法则等不知道、不理解、不相信的人。比如不信因果，就很危险，单凭自身有限的理解做事，容易陷入邪见和歧途。都说"不信因果的人最可怕"。将"远离愚人"，列为38种吉祥之首，这个分量其实是很重的。我们"应与智者交"，学习智慧文化、圣贤文化，亲近善知识、远离恶知识。

在我非常"久远"的两本书里，我分别说："你有什么样的智慧和底蕴，才可以吸引配得上这样智慧和底蕴的机会与伴侣。"以及"你想拥有什么样的智慧和底蕴，就争取进入一个具备如此智慧和底蕴的圈子。"用现在的智慧看，我重新诠释一下这两句话。

前一句可以理解为：我们所遇到的机会和伴侣，都是由自身的业力以及因缘所决定的。只有通过修行，不断增长智慧和积累善业，才能够吸引到善缘，从而成就美好的人生。

后一句话可以理解为：我们应选择与具正见、正行之人交往，学习他们的智慧与品德，从而提升自己的境界。尊敬有德者，是为最吉祥。

在面对约翰斯·霍普金斯大学同学们关于"How to build such a strong professional network"（如何建立强大的专业型人脉网络）的问题时，当时我回答的是："Be a better you."（成为更好的你。）弱国无外交，在这里同样适用。

那怎么成为更好的自己呢？——内外兼修。"得道者多助，失道者寡助"。根本还是得在"道"上播下能结出"善缘"的种子，那么等它开花结果的时候，你就有机会把握它们。

人脉资源是需要分辨的。有些人拥有我们所不具备的长处或者我们所需的东西，可以让我们学到东西，或者存在合作的机会或意愿，那些人就可视为我们的资源。不要"高低眼"，只盯着有钱人追。钱是他的，为什么分给你？如果没有相应的善缘，仅仅因为钱财去攀附，很难得到真正有价值的人脉关系。

而合作，本质是一种利益交换。即我以你需要的东西来交换我需要的东西。这个东西可以是有形的，也可以是无形的，可以是物质的，也可以是精神的。

都说"人脉很重要"，重要在哪儿？我认为主要体现在两点：直接的好处和间接的益处。

直接的好处，指给你有直接帮助的资源。比如，演员A通过编剧B认识导演C后，演了C的新电视剧。这是直接推荐了角色。

比如许多大型外商企业招人喜用"内部推荐"的方式，即公司列出一些空缺岗位，让内部员工推荐认识的人才。人才难求，"外举不避仇，内举不避亲"，企业相信自己的员工最能推荐出与企业文化相合、与岗位需求相符的人选，而且推荐成功的员工还能获得公司的奖励。这是直接推荐了工作岗位。

再比如新人歌手D因为和当红歌手E同属一个经纪公司，公司安排D上节目宣传新专辑时，让E"友情"助阵。这属于借予了人气和关注度。

间接的益处，指的是你所拥有的人脉，会影响你在外界旁观者眼中的地位。比如，看到你经常与某位厉害的人物在一起，也许你和他只是碰巧在相同的活动中屡屡遇见罢了，但外人难以确定你们的熟悉程度，要对付你之前至少也会有所顾忌。

再比如，小演员A和大明星B是好闺密，某次一位导演找上门，想让A在新剧中饰演女二号，前提是A必须邀到B在此剧中客串个角色。显而易见，比起挑选谁作为女二号，导演更关心的是能否邀请到B来友情客串。所以，虽然A没有主动去寻求演出机会，可演出机会还是落到了她头上。

无论是直接的好处，还是间接的益处，归根结底都是一种因缘的促成。

人脉网，既然是"网"，那就有"点"、有"线"。点，是指一个一个的人；线，则是指连接。先说说我看到的一些有意思的"线"。

有一位舞蹈家,经常在演出后,晒出和活动中一些名人名媛的合影。如果这是一张舞蹈界的网络,那他当然是闪耀的"点",合照确有"站台"加分的作用。但如果这是一张商界网络,缺乏商业能力的他恐怕成不了"点",那他会是"线"吗?恐怕这种关系很脆弱。因为他不具备介绍关联方认识的本事,叫不动那些人。所以这样的合照关系浮在表面,就像理发店贴满了首席发型师和诸多明星的合影,或者餐厅墙上挂着名人们曾经来吃过饭的照片……这些可以证明也许首席发型师能剪出厉害的发型,也许这家餐厅饭菜味道极好,也许你相当有舞蹈才华……在各自领域的人脉网中是有用的,但换一个领域,比如商业的网络中,那就不一定了。从"合照"到"合作",还有很大的距离。所以,也要看自己想耕耘哪一方面的人脉。不过我浅薄的建议是,首先找到自己喜欢的领域,踏踏实实打造好自己的专业能力。如果原本专长的领域并不是自己的兴趣所在,想换跑道,那么先在新跑道好好锻炼专业技能。人脉建立是下一步的事。

还有一位商科班的主任,念到了博士,拥有很多头衔,比如是这家公司的董事,那家公司的顾问。他的人脉很广。起初,大家如果想认识哪方面的人,就会请他牵线。他也确实有能力介绍关联方认识。但他这条"线"有点黏,想在各个方面都沾点好处、分一份利益,否则就介绍得遮遮掩掩、不情不愿。而介绍又止于推了个名片或者拉了个微信群，从接触到展开合作全部靠别人自己。他想分一大杯羹，却不肯用心做事——有贪欲但懒得动。打个不现实的比喻：教授帮自己的学生写了一封去国外留学的推荐信，学生应该感恩，但如果教授说："你如愿进了这所大学后，前途肯定非常好，毕业后的第一份工作，我要享有你年薪10%的回报。"这就不合理了。在人脉关系中，还是要以真诚和付出为基础，不能只想着索取，"人心不足蛇吞象"。否则这条"线"大家就逐渐不会再用了，那"线"也就不存在了。

我乐于介绍关联方互相认识并且鼓励他们直接交流，因为如果我觉得自己参与不了，就不想因一己私利耽误了人家好好合作，这也节省了我自己的时间和精力，君子有成人之美。

我们不能太把"人脉"当回事。因为人脉本身是不变现的，必须有载体。而载体是人与事，这才是关系网中真正的价值所在。世间万物皆有因果，若自身缺乏内在品质和外在能力，即便拥有所谓的人脉，也难以产生实际的价值。只有通过不断提升自己，让自己变得优秀，才能在人脉关系中发挥更大的作用，吸引更多的善缘。这就如同种下善因，方能收获善果。

如今联络工具极为发达，但如果双方"实力"悬殊，即便你加到了对方的微信，对方也不会回复。那头像一直沉寂在联络表中，又有什么意义呢？若因缘未到，强行攀缘也难以有好的结果。我们应先把心收回来，努力提升自己，等待合适的机缘。

推荐工作、介绍对象亦是如此。推荐人或介绍人即便有再强的人脉关系，也不会把不匹配的人推荐给与之差距很大的企业或者异性。若强行推荐，结果只会是一方觉得浪费时间，另一方觉得备受打击，两面不讨好，反而显得推荐人或介绍人太轻率。

人脉在一定程度上可以说是一种口碑。就如同回头客往往是被那些注重打造自身价值的产品或服务所吸引并留下，而非仅仅靠一味推销。在销售领域，靠"吸"确实比靠"推"更酷。如果把每个人都看作一个产品，常常有人向你推销他自己，虽然这种勇气和企图心值得赞赏，但若是总逼着你去"购买"，只会让人烦不胜烦。所以，与其强行推销自己，不如专注于打磨自身价值，以匠心精神做到"内修外治"，如此自然能够获得更多助力，这也就是所谓的"吸引力法则"。因为我们的心态和思维方式会影响我们的行为和选择，进而影响我们周围的环境和人际关系。

吸引力法则并非神秘的超自然力量，而是一种心理现象。当我们明确自己的目标，保持积极的心态，并为之努力奋斗时，会更容易发现和抓住机会，吸引到有助于实现目标的资源和人脉。同时，吸引力法则也提醒我们要注意自己的思想和情绪，避免消极和负面的思维，以免吸引来不良结果。

当一个人拥有良好的人脉时，通常意味着他在与他人的交往中展现出了值得信赖、有能力、善良等优秀品质。这些品质会通过人脉网络传播开来，形成良好的口碑。他人也会因为这个人在人脉中的良好表现而对其产生积极的评价和认可。

人脉也是基于"因"和"缘"的。比如你长期的善良、靠谱、利他、诚实、正直、谦逊、包容，以及具备能力和才华等品质，这些都是人脉产生的"因"。而积极社交、共同兴趣、合作机会、他人引荐，甚至可能出现的意外机缘等，则是人脉产生的"缘"。当这些"因"与"缘"和合之时，人脉便自然会产生作用。

终于要聊到社会地位了。社会地位指的是一个人在社会中所处的位置和层级，以及由此所享有的声望、荣誉、权力和资源等。人活着，确实未必需要去理会周围人的意见，不能随意让周围人的看法对自己造成主观上的影响。然而，有时候一个人对自己的定位往往是模糊不清的，此时，我们可以从周围的朋友或者陌生人的眼中来反观自己——我大概处在什么位置。

比如有人自觉是圈子里的重要人物，结果一号召，没人听他的。说话没有分量，可见他其实没有地位。比如有些朋友觉得自己厉害得不得了，但无论怎么跳槽，一直拿不到他心目中的报酬，那可能就是他的自我估量高于他本身的价值。反过来，如果一个在业内有口碑的高管去企业应聘，提了工资要求，老板觉得他完全可以开比这高很多的工资，觉得他的水平和能创造的价值远不止于此，就说明此人可能谦虚了。所以，当你的"自我的认知"和你感受到的"市场对你的认知"有差距时,就要重新思考这差距是为什么而产生的。是因为你的实力没有完全展现,让别人不够了解你,还是你太谦虚了?要知道,如果周围的人八成都认为你没有那么好,那么你可能真的要反思,检视自己,找出问题所在,并努力改进。

但本书前面不是说"别人眼中的你不是你,你眼中的别人才是你"吗?是的,所以,我特地在"市场对你的认知"前面加上了定语——你感受到的。"你所看到的,只是业力允许你看到的"。当你看到了自我认知与你所感受到的市场认知之间的差距时,你就会进行反思。但不是每个人都能"看见"差距的,因为他对差距的理解可能仅仅是认为对方有眼无珠。

曾听一位商学院教授分享:"一个人的年纪、智慧及见识越多,就越有'influencing power'(影响力),当你的'popularity and reputation'(美誉度和知名度)好到让其他人佩服和欣赏你,无形中便拥有了参照性权利。"参照性权利是指对拥有理想的资源或个人特质的人的认同而形成的权利。如果景仰一个人到了要模仿他的行为和态度的地步,那么被景仰的这个人就对景仰者拥有了参照性权利。比如各领域的关键意见领袖(KOL,Key Opinion Leader)往往拥有参照性权利。他们凭借自身在特定领域的专业能力、成就、魅力等个人特质,吸引着其他人的关注和认同,其他人会在一定程度上参考他们的意见、行为和选择。

不过,我们应该以平和的心态看待这种权利,不盲目崇拜他人,同时也要不断通过学习、阅读等方式提升自己,通过自身的努力和修行,也可以成为能够为他人带来积极影响的人。

在此,我想诚恳地说,<u>如果有一天你们对我失望了,切勿让自己远离圣贤智慧文化,你们应该远离的仅仅是我这个人。圣贤智慧文化是历经岁月沉淀的瑰宝,蕴含着无尽的智慧和力量。无论我个人表现如何,都不应成为你们与这博大精深的圣贤智慧文化之间的阻碍。</u>

在本书后面的内容中,我会提到我的社会地位是怎么提升的,内因和外缘分别是什么。不过,我们不必过分执着于社会地位的高低,否则容易陷入欲望的陷阱,失去内心的安宁。

乔布斯说:"Stay hungry,stay foolish."(保持饥饿,保持愚蠢。)的确,只要人持续在成长进步中,身边就会聚集越来越多优秀的人。见贤思齐,人一定也会保持求知若饥、谦卑若愚的状态。我以前觉得自己挺好的,直到身边充满了品格高尚的人,我才发现自己仿佛处在人性的"低谷"。遇到有智慧的人、品德优秀的人是一种福报,我很感恩。自信是好事,但不能过度自负,要保持对万事万物的敬畏之心,明白自己的局限和不足。还要保持一颗求知的心,不断学习和修行,以提升自己的智慧和境界。

在学习过程中,一定要避免自己成为这三种器:覆器、漏器、垢器。覆器,就像一个倒扣着的碗,对善知识拒之门外,不愿意接受新的思想和教导,水根本无法倒进倒扣的容器里。漏器,是指有洞的容器,在学习时不能专心,也不能用心领会,一边听一边漏。垢器,则像一个充满污垢的容器,任何内容倒进去,都会被自己固有的认知和杂念污染一遍,接纳和领悟的内容已经变了味。越是盲目自信的人,越容易成为覆器;越是自以为是的人,越容易成为垢器。可见,能学习正见和智慧是一件多需要福报的事,并不是每个人都愿意,哪怕只是听一下不同的声音。

除了识别自己在市场中的位置,还有一项也很重要,即识别你的资源到底是不是自己的。

你要分清,你的资源是不是基于独立个体,即能够脱离任何平台或背景而存在的。可以这样问自己,一般别人介绍你,会强调你是"某领域的专家"还是"某某公司的总监"。如果资源仅仅依赖于外在的平台或背景,那么一旦失去这些依托,就可能陷入困境。所以,我们应该努力提升自己的内在品质和能力,让自己成为真正有价值的人。

人脉若来自你的个人特质,比如才华、学识、人品、能力、个人魅力、精神共鸣等对他人的吸引,则是相对稳固的。若他人对你的欣赏甚至大于利益的衡量,则你们的关系可能已上升到友谊了。

如果你的资源是基于平台,如家庭、工作,那么也许这些资源会随着变化而消失,毕竟"世事无常"。这就是为什么会有"人走茶凉"一说,甚至好多人还没走,就已经被打入冷宫了。

还是那句话：自律通往优秀，优秀吸引人脉。

本节最后，附上《吉祥经》。

> 勿近愚痴人，应与智者交，尊敬有德者，是为最吉祥！
> 居住适宜处，往昔有德行，置身于正道，是为最吉祥！
> 多闻工艺精，严持诸禁戒，言谈悦人心，是为最吉祥！
> 奉养父母亲，爱护妻与子，从业要无害，是为最吉祥！
> 布施好品德，帮助众亲眷，行为无瑕疵，是为最吉祥！
> 邪行须禁止，克己不饮酒，美德坚不移，是为最吉祥！
> 恭敬与谦让，知足并感恩，及时闻教法，是为最吉祥！
> 忍耐与顺从，得见众沙门，适时论信仰，是为最吉祥！
> 自制净生活，领悟八正道，实证涅槃法，是为最吉祥！
> 八风不动心，无忧无污染，宁静无烦恼，是为最吉祥！
> 依此行持者，无往而不胜，一切处得福，是为最吉祥！

祝福大家，平安吉祥。

优质的环境,让自律事半功倍

在茶道中,环境的准备不可或缺。一个安静的场所,能让人远离喧嚣纷扰,如同为心灵筑起一座宁静的堡垒。我们知道,自律并非一件容易的事情,它需要强大的意志力和坚定的决心。幸运的是,我们可以通过身处优质的环境来让自律变得事半功倍。

从小,我们一直被教导要好好读书,期望能考进一所好大学,进而找到一份好工作。但现实告诉我们,这个逻辑不成立,前后也不存在必然联系。考进好大学,不一定就有好工作;有了好工作,也不一定能保住;没考进好的大学,也不意味着人生就失去了光彩。

但为什么我还是建议大家尽力去往一所好的大学呢?因为环

境——你拥有什么样的师资来教授专业知识，你和什么样的人度过四年时光。即使人生的成就并不完全取决于大学的好坏，但在一个良好的大学环境中，我们能获得更多的资源和机会，在未来有更多的选择权。《纳瓦尔宝典》中有一句："人生早期有三个重大决定：在哪里生活，和谁在一起，从事什么职业。"纳瓦尔·拉维坎特，是硅谷成功的创业家和投资人。

能进名校，总有能进去的理由：要么聪明，要么自律，要么有资源，要么运气好。而不能进名校，也有很多理由，但可能只有一个理由是积极的——自己不想去。

在名校里，身边的同学们通常都很自律，且出类拔萃。想象一下，毕业十年后，众多知名企业的高管都是你的同学，那会是一种怎样的体验呢？如果你富有才华，那时必然会有所成就；即便才华较为普通，但只要人缘好、为人值得信赖，那些同学也会给予你帮助和提携。因为优秀的人往往会相互扶持、共同进步，就像英国威廉王子与凯特王妃是圣安德鲁斯大学的同窗，前英国首相的内阁成员多数也是中学与大学同学。同学情、校友圈是一条极佳的人脉通道。优质的环境和圈子，让自律更加容易，优秀也就自然水到渠成。

我的母校商学院在两岸商界有着举足轻重的地位，师资力量十分强大，校友资源也极为丰富。它还引入哈佛个案教学法，将哈佛商学院的经典案例用于课堂教学，以锻炼学生的分析能力、决策能力等。在这里攻读MBA的两年时间里，我不仅接受了极为系统的知识教育，还学会了将理论与实务相结合。这完全得益于老师们深厚的教学功力。正如"所谓大学者，非谓有大楼之谓也，有大师之谓也"。我还结识了许多优秀的学长、学姐和同学。大家在学业上相互答疑解惑，在小组作业中分工合作，在课外的真实商业环境中也彼此互相支持。可以说，好的进修，投资回报率是很高的。

我念MBA的同学对自己前来进修有着大致四条期许：拥有学历、增长知识、发展人脉、获得机会。归根结底，其实就是一个目的——希望在事业上有更好的发展。

然而，一年过去了，当我询问几位同学期许的实现情况时，他们的反应表明，貌似并不如入学时所期望的那样顺利。

对于以上几项期许，"拥有学历"相对容易，毕竟这只是最基础的部分。

关于"增长知识"，大家多多少少都学到了一些专业知识，且学到的程度与在课程中投入的用心程度成正比。不得不说，研究生的学习比本科的学习要精实得多，同学们的学习态度也更为认真。尤其是对于名校学生而言，研究生课程都是以"认真到可怕"的态度在对待。而那些已有工作经验后又回到校园读研的同学，更是格外珍惜这段学生生涯。再加上职场经验让他们清楚自己哪些方面的知识需要补足，从而能够有的放矢地进行学习，所以专业知识的增长是必然之事。

至于"获得机会",通过长期观察我发现,很多人觉得自己离实现梦想很遥远,并非因为不够努力,而是机会从身边走过时未能认出它。那么如何获得机会呢?我的建议是:倘若你没有慧眼,那就多去尝试。要多做一些事,多认识一些人。因为你不知道机会藏在哪里,多试可以增加获得机会的概率,即便试错了,也能学到东西。就像拍照片一样,你拍了100张照片,总能找到一张满意的。如果真的懒到只肯拍两三张,却又一定要从中挑出媲美杂志封面的照片,那岂不是强人所难吗?

对待"处事",我们应该积极行动,以开放的心态去面对各种可能,在尝试中积累经验,等待机会的降临。如果能在日常生活、工作以及各种人际交往等事务当中去修炼自己的心性,不断地在具体的事件中体悟真理、磨炼意志、增长智慧,那就是一种修行了。

上面说到多认识一些人,这也就引出了大家觉得最难攻克的事——"人脉的建立"。现在我们就来聊一下"术"的层面。

曾看过一场TED演讲的视频,国外的一位资深MBA教授说道:"我发现很多学生常常跟着习惯走,总习惯与最熟悉的人一起,坐在最常坐的位置,整整一个学期都是如此。这样做是有风险的,当他们离开学校,步入社会,他们很可能只认识很少的人,而这些人和他们都很像,这就浪费了接触国际化、多样化关系网的机会。"

日常生活中，这种情况很常见，也很好理解。与自己相似的人在一起，会让我们感到自在。可是，当我们遇到困难时怎么办？当我们需要新的点子时怎么办？当我们想换个工作，或者需要新的资源时怎么办？这时，就是我们为小圈子付出代价的时刻。平时经常和你在一起的人，他认识的人你也认识。直到当你遇见一位陌生人，他很有可能就是你打开社交大门的通行证。所以，这位教授时常鼓励学生观察整个教室，找寻让他觉得最无趣、最不想与之交谈的人，然后下课时和他交流。这项练习是为了强迫自己接触不想接触的人，拓宽社交圈，出现许多意外而惊喜的碰撞。

哈佛大学对这个项目进行了研究，让大一新生不能选择自己的室友，所以这些室友可能是不同种族、来自不同国家的人。这一开始可能让人不舒服，但令人惊讶的是，一年之后，同学们能够克服不适，并且发现和其他人深层次的共同点。

"Weak Relationship"（弱关系）在关键时刻可能成为救命稻草。比起"Strong Relationship"（强关系）比如家人、亲密朋友等，弱关系具有多样性和广泛性，它连接的人来自不同的背景、行业和社交圈子，为我们带来更多不同的观点、信息和资源。比如一个在科技公司工作的人，他的强关系可能主要是同事和同行。但通过偶然参加的行业研讨会认识的其他领域的专业人士，就属于弱关系。这些弱关系可能会为他带来关于艺术、金融等其他领域的新思维，拓宽他的视野。

当我们面临困境或需要帮助时，弱关系可能会为我们提供意想不到的机会。因为弱关系连接的人来自不同的领域，他们可能了解我们所不知道的信息和资源。比如，一个正在找工作的人，通过朋友的朋友，得知了一个适合自己的职位空缺，并最终获得了这份工作。这种新的机会往往是强关系所无法提供的，因为强关系中的人通常处于与我们相似的环境和圈子里。

弱关系可以打破我们的"信息茧房"。我们常常陷入自己的舒适区和熟悉的社交圈子中，导致信息来源单一。弱关系可以为我们带来新的信息和观点。比如，一个创业者在自己的行业内可能已经遇到了瓶颈，但通过与其他行业的人交流，了解到了新的商业模式和创新思路，可能会为自己的企业带来了新的发展方向。

当然弱关系还可以不断扩大我们的人脉网络，因为每一个弱关系都有可能成为连接其他更多人的桥梁。

我的"人脉吸纳能力"在母校是有目共睹的，以至于学长学姐、同届的同学、学弟学妹们经常问我同一个问题：你是怎么认识那些人的？

这里更新一个情况，在2023年8月，也就是重写这本书的前一年，我被推选为我们学校商学院上海校友会的会长。

商学院通常设有MBA和EMBA课程。其中MBA一般称为企业管理硕士或工商管理硕士，EMBA则一般称为高阶企管硕士或高阶管理硕士。两者的差别就在于"Executive"。多了这个"E"之后，降低了对报考者过往学业成绩的要求和外语门槛，却增加了对职位和社会地位的要求。要就读EMBA，至少需要拥有7年工作经验，一些有名的商学院甚至要求工作经验必须在10年以上，且其中包括不低于5年的管理职位经验。所以，在好的商学院里，EMBA学员几乎都是大企业的高级管理人或者上市公司的老总，也就是所谓的"C字辈"的人。这些前辈自然也是其他对人脉有需求的学生期望认识的对象。

人脉，不能只停留在认识上，但得从认识开始。

在台湾，Facebook（现改名为Meta）的渗透率很高。Meta是一个几乎毫无秘密可言的社交平台，一旦成为Meta好友，便仿佛让自己陷入了一个无限扩大的社交圈之中。它会不断通过后台大数据去找到与你可能相关的人，并将其推荐给你。在Meta上，你可以看到自己与Meta好友之间有多少个"共同好友"。它极好地诠释了"六度人脉关系理论"，即地球上的所有人都能够通过六层以内的熟人链与任何其他人联系起来。也就是说，最多通过六个人，你就能够认识世界上的任何一个陌生人。

人类发明的一切工具，对会用的人而言，都是可以被最大程度利用的。包括这两年迅速火起来的AIGC，这些变化是我们无法阻挡的，所以不如积极地拥抱变化。

我通过在Meta（那时还叫Facebook）上的一篇帖子，引得一些EMBA学长学姐的留言交流，恰好他们有一次下午茶聚会，主题与我那条帖子相关，于是其中一位主事学长便邀请我参加。那时我入学大概两个月，对一切都充满新鲜感，一听说这是EMBA的聚会，便欣然赴约。到了那里才知道，这是母校EMBA与浙江大学EMBA的交流会。

多年来，学校只有我一个上海生源，这算是一个"差异化"的身份。交流会现场的大部分人都和上海有生意往来，自然有不少共同话题。当他们得知我还是一个出过书的作者时，对我更加感兴趣，我们交谈甚欢。其他浙大EMBA学长学姐拿着茶点过来，加入我们的话题时，在座的学长学姐们还会指着我说："她祖籍是浙江的哦。"

接着，我又被大伙邀请参加了晚宴。

本书读到这里，相信你们也已然明白，这一系列的经历并非偶然，而是"因"与"缘"和合的显现：在我入学两个月后的某一天，我恰好发了一条帖子，浙大EMBA恰好来我在台湾念的学校进行参访交流，他们在那个下午正好有一场活动，一位并不熟悉的Meta好友顺口的一句友好邀请……

有一位毕业离校很久的"企家班"大学长，在Meta上认识了我。因为好奇，他专程绕道来看我。当时我正在一家西班牙餐厅参加一场交接晚宴,于是和这位学长在晚宴开始前聊了一小时。后来,他成为我在台湾发行的第一本繁体版书里所有插画的亲手绘制者和提供者。他,就是桂冠食品的董事长。

要成为圈子里有分量的人,总得自己有成绩。比如,我曾联合三位EMBA学长学姐组队,参加全台湾EMBA商管杯竞赛。也许是巧合,这竞赛办了那么多年,唯独我们那一届允许MBA学生报名。当时其他同学得知这个比赛并不能带来学分,便不想花时间参加。我因为知道自己的能力不足以在那些能带来学分的竞赛中得奖,对与EMBA组队又很感兴趣,便报了名。

参赛后我发现,大家都动了真格。大家在处理繁忙公务之余还要抽空来开"个案研讨会",熬夜讨论,为应该采用什么方案争得面红耳赤。大家都想得到名次,这不是奖金的问题,而是关乎这些企业高层或者企业主代表学校参赛的荣誉感问题。作为小学妹,在这种组合中,我也不是没有发挥作用的地方。学长学姐们都是商界资深人士,在某些观点上争论不下,不但互相下不了台,也会浪费时间。我心中对于那个争议点有倾向性的解决方案,于是采用看似稚嫩的连番提问,让学长自己发现了逻辑漏洞。

这样一来,无须明确站队,我也使学姐的观点得以生效,大家可以继续讨论下一个问题。如此这般,既保留了所有人的颜面,又不伤和气,还成功解决了难题。

正式提交参赛队名时，队长，也就是那位学长，提议用我的本名作为队名。

比赛前一天，报告预演，学姐没发挥好，队长把我拉到一旁，希望我能在正式比赛中代替她演讲。我看学姐花了一个多礼拜时间练习，非常重视这次比赛，于是说："别担心，学姐可以的。若是有不足，她演讲完还有问答环节，还可以补救。这部分我会处理好，请放心。"

正式比赛当天，台湾几乎所有大学的EMBA参赛队伍都齐聚一堂。学姐越发紧张，连水都不敢喝。我对她说："你讲得很好啊，真的，只要照着PPT，自信地报告完就行了。"

结果，我们拿了冠军。

两年后，我遭遇了一些事情，学姐在我最低潮的时候鼎力相助。当时我们一起站在她家的天台上，望着远处的晚霞。她说："其实你改变了我。小时候，一次转学，新班主任让我做自我介绍，我一时沉默，结果被她当着全班同学的面嘲笑。所以后来我都不敢在公开场合演讲。那场个案竞赛，我非常紧张，差点想放弃，但又真的很珍惜那次机会，想让同学们也能看到我的风采。幸好有你鼓励我，相信我能行。我真的做到了。从你身上，我看到了女孩子该有的样子，懂得打扮自己，精致且自律。之前EMBA的'春酒'和'秋赏',我把服饰搭配发给你,你都给我建议和肯定,让我变得开朗了许多,真的。"我愣了一下,其实在比赛前夕,我想的是:我从来不缺舞台,就算这次没有,也会有下次,应该把舞台留给更需要的人。

可见,体贴收人心。

人与人之间的影响是相互的。我们在不经意间的言行可能会给他人带来巨大的改变,而他人的反馈也会让我们更加深刻地认识到——应该做一个心性上更好的自己。

我和EMBA学长学姐们的相处,其实并非如一些MBA同学所想象的那样。在我看来,我与他们是平等的,只是我的工作年资较短而已。所以不会以高攀的视角去看待他们,也不会抱着功利的心态认为一定要从他们那里获取什么资源。

当时(距今也有十多年了),有一个有趣的现象,关于台湾朋友说大陆朋友有"狼性",至少我的MBA同学觉得我脑门上刻着"企图心"三个字,他们就是如此坦诚且可爱。可能那时的我是这样子的:知道自己要什么(当然以现在的视角看,那些想要的东西并不一定是好的),然后就努力去拿到,不废话,不纠结。

我大学毕业进的第一家公司的集团高管是这么评价我的:"You are my friend who is maybe not the best but has a lot energy and knows what you want. I know you and I'm proud that I know you."（你是我的朋友中，那个可能不算最优秀的，却拥有很多能量并且知道自己想要什么的人。我认识你，并且我为认识你而感到自豪。）我们的友谊保持至今。

接下去，让我们先把电影倒带至"上海姑娘在台湾"。

好像来自由行的人都对台湾赞誉有加，来念过书的人却有种难以言说的惆怅，且听我娓娓道来。从走近到走进，我用心观察着台湾。既是旁观者，又身临其中，以尽量客观的视角去体味它的内涵，以尽量细腻的感知去感受它的细腻。我在这种独特的状态中，探寻着台湾的魅力与故事。

在我眼里，上海是一座散发着魔力的璀璨之城，充满朝气与希望，仿佛一位30岁出头、年轻有为、意气风发的青年才俊；而台湾则如一本历经岁月沉淀的厚重书籍，书写了年近50岁的前辈的人生阅历，富有韵味。那山、那水、那丝丝入扣的文化底蕴，还有那群纯朴善良、彬彬有礼的台湾居民……都让我难忘。在一次电视台文化交流脱口秀栏目录制中，我曾分别用一个词形容上海和台湾带给我的感受，上海是"繁华"，台湾是"沉淀"。乍一看，上海的摩登、时髦、国际化让很多喜爱闯荡的年轻人流连忘返。快节奏的都市生活，让很多人还来不及打招呼就已经转身陌路，有时候只是想说声谢谢，羞怯地说不出口，一回头，已经忘记因何心存感恩。我很喜欢台湾人常说的这两个字——感恩，比感谢要厚重。其实台湾人是一直把"谢谢"挂在嘴边的，无论你帮没帮他们，但凡一句话说完，总是以"谢谢"结尾，台湾人对自己也有认知："我们台湾最大的风景就是人。"

初到台湾，会被它古旧的外表所欺骗。旧并不代表破烂，就像长者脸上的皱纹，反而是一种阅历的象征。古旧是因为城市中存在许多年岁过半百甚至超过百年的建筑。这些建筑虽然年岁已高，但十分坚固。台湾地震频发，6至7级的地震时有发生，然而那些古老的建筑在震前震后几乎毫无变化。地震时不要前往山上，因为怕山崩，毕竟山不是人为建造的，它有着自然界的脾气。不过，即使发生山崩，之后人们的行动也在很大程度上体现了当地人的素质。在一些山崩易发地带，靠近山路的山边会被绿色的超级大网包裹起来，山的姿态依然傲然可见，同时也给过路的车辆、行人带去很大的保障。

整个台湾的面积大概有六个上海那么大，差不多是三分之一个浙江，但总人口比上海常住人口还略少一些。台北有点像上海，是台湾的工商业中心，全台湾规模较大的公司、企业、银行、商店等，很多都把总部设在这里。不过没有上海那么发达，确切地说，台北更像是上了年纪的国际都市，内敛持重。高雄是台湾南部的经济及交通中心，有点像深圳，都是南部的发达城市。台中则给人一种苏杭的感觉，有着云端漫步般的惬意，非常适合生活。

别看台湾面积不大，这里北中南之间也存在"地域差别"。就像我们觉得出了上海就是去外地，他们也是如此。台北人没什么事儿一般不南下，南部的人一般也不爱北上，觉得台北人不够热情，称台北人为"天龙人"。台中人居住在他们的中部，去高雄办事，感觉像出了远门，算出差。人们对城市之间的陌生感不亚于广州人去了北京，苏州人去了昆明，西安人来了上海。

台北很热闹，也非常便捷。除了标志性的101大楼外，很少有像上海那样林立的摩天大楼。这里的捷运网络四通八达，前往许多景点时，甚至出站便到，几乎不用走路。台湾人对于距离的概念和大陆人不同，比如问路，一开始有人回答说："哇，那很远欸！"会让我心里一惊，可真的走起路来，手机里没放完三首歌就到了。我想是因为台湾太小了，所以我们认为的近距离在他们眼中已经很远。相反的，台湾人来大陆，总是被我们口中说的"很近"所困惑。例如有个朋友说他来上海的一次经历，问人家"××地方怎么走？"，得到回答："哦，很近，沿着×××路一直走就到了。"结果，那位台湾朋友走了半个小时，他不敢相信×××路竟然是一条那么长的路。

在台北去哪里都很方便，一下捷运，便来到了淡水码头。它往昔只是一个传统的小渔港，而如今拥有着美轮美奂的浮动码头，已然成为著名的景点。在淡水老街，手中拿着来自老街的台湾美食的行人闲庭信步，与落日的余晖相互映衬，俨然是一幅活灵活现的

"渔港风情",仿佛一曲《涛声依旧》。

台北西门町是重要的消费商圈,年轻人的必到之地。除了美食,在这里还可以发掘若隐若现的流行风向标。每到周末,西门町便热闹非凡,演唱会、签唱会、唱片首卖会、各种电影宣传、街头表演……电影《向左走向右走》中,梁咏琪寻找金城武的场景就是西门町;林青霞也是在西门町逛街的时候被星探发掘的。所以,西门町在我眼里也是个"星工场"。就连我弟弟来这儿,都被记者采访过两次。

我从事文化创意领域,台湾的文创产品着实可圈可点,单就音乐实力方面就已经沉淀了许多年。台湾真不愧是"宝"岛,在那么小的一片土地上,却能产出众多高质量的原创音乐,怪不得能成为全亚洲向世界输出音乐的一个重要窗口。相对来说,在台湾要见到明星真的很容易,尤其是在台北。周末,基本都能在书店碰到一些作家、音乐人或是刚发行新书的艺人开讲座。也正是因为这样,我觉得自己和明星很近,说不定我也可以成为某个领域的明星。我喜欢这样的感觉。

Motel(汽车旅馆)在台湾并不是一个让人觉得难堪的词汇,而是一种独特的文化——摩铁文化。由于很多Motel房间面积都在100平方米左右或者更大,所以台湾人赋予了Motel更多样的功能,比如邀请一群好友来聚会、开派对,可以在房间里尽情唱歌,还能在房间自带的独立大泳池中畅游。去 Motel 时，只需把车暂停在门口，摇下车窗付钱登记后，将车开到专属车库，再由车库直接进入房间。房间内基本具备了星级酒店所拥有的一切设施。贴心的是，房间里的自助式小吧台通常都是免费的，供应着热茶、咖啡、能量饮料以及小点心。每个房间都各有主题，不同风格的主题设计营造出浪漫、情调、休闲的意境，诸如古堡传奇、法式浪漫、外太空、小桥流水等，而且不同的风格还设有不同的配置，像喷泉水池、卡拉OK、观星天窗等。

在台湾，很容易找到书店，既有像诚品那样文艺气息浓郁的，也有位于大型百货公司楼上的，是个非常鼓励发展文化的地方。所以即便在烦恼喧嚣的时刻，也总有一处洗心之所能够让人沉静安心。诚品令人钦佩之处在于，它不仅仅是一家书店，更是一个结合了人文、艺术、观光与生活机能的购物中心。因书店而"生"，所以整个购物中心都是静静的，装潢也充满了文艺的味道。这里的衣服、鞋子、眼镜……都默默地在那里静候它的有缘人。现在大陆的一线、二线城市也如雨后春笋般涌现出许多文艺气息十足的书店，这实在是一个好现象。我很喜欢在周末来到这样的书店，捧一本书，坐在落地窗边，悠闲地看书，这让我的内心很平静。书店里还有音乐馆、琳琅满目的文具、食品干货……关键是，摆放这么多东西一点都不显得书店杂乱，错落有致的陈列让那些简单的物品都显得特别有"气质"。诚品书店里还有画廊，我之前在那里跟着美国老师学画画，在放松之余能够轻松学会绘画手法，画出像模像样的作品。

台湾也有让我不习惯的地方，比如路边的垃圾桶数量不像上海那么多，有时我拿着空饮料瓶，走好长一段路都看不到一个垃圾桶，只得继续拿着，直到走进一家店，拜托店员帮我扔一下。虽然如此，台湾的大街小巷却很干净。每天都会有垃圾车在固定时间响着《致爱丽丝》的音乐勤快地驶来，垃圾车一到，居民和店家就会把提前分类好的垃圾交给垃圾车收运。这就是台湾的"垃圾不落地"行动。我这个外乡人过了好几个月，才终于搞明白哪些垃圾属于哪一类。如今，大陆各城市也实行了垃圾分类政策，同样在为保护环境、节约资源、促进资源循环利用以及提高公众环保意识积极努力着。

台湾只有台北和高雄两个城市有捷运。捷运就是我们常说的"地铁"，台湾的捷运有个规定——不能在里面吃东西。现在上海地铁也有这样的规定了。所以如果你有半口蛋糕没吃完，无论怎样都要先吞下再进入捷运，不然的话，恐怕就得拿着那口蛋糕一直坚持到目的地了。

台湾的生活，是慢步调的。高山青，天水蓝，什么时候突然兴起，就开车到山里。它距市中心并不远，大约有一个小时的车程。然后在酒店房间里倚窗泡温泉，看山，看竹，看天，看炊烟。清晨的空气散发着芬芳，清新水嫩，此时再品尝一些山中风味美食，生活可谓惬意……

常有台湾朋友感慨:"台湾太安逸了,缺少拼搏精神。"我觉得一方水土养一方人,要理解台湾人,就得从了解他们的成长环境、文化背景开始。不能简单地评判安逸不好,关键是要看自己追求什么。同样,也不能简单地认定"狼性"就一定能成功,还得看周围的人群情况,假如周围都是狼,大家自然会"卷"起来,假如周围都是绵羊,狼自然就会显得突出。

之前也提到过——人生的境遇皆有因果。台湾的安逸环境或许是一种福报,但也可能成为修行路上的考验。我们应当在不同的环境中保持内心的宁静与坚定,既不被安逸所迷惑,也不被竞争所困扰。不管是在安逸中寻求内心的满足,还是在奋斗中追逐更高的成就,都要以平和的心态去面对,用智慧去做出选择,在人生的道路上持续修行,迈向真正的幸福与圆满。

我也遇到了很多优秀的台湾年轻人,他们很珍惜来大陆看看的机会,当交换生、实习、工作。他们对大陆如今的面貌感慨万千,正用更多努力习得拼搏精神。越是缺乏资源的人,越是珍惜机会。

我曾被一位台湾同学的生活态度打动。那些只在电影中看过的情节,却真真实实地发生在她身上。她母亲赌博欠债,被债主追上门泼油漆,跑了;父亲酗酒患癌,在她读高中时撒手人寰。她从小与双胞胎妹妹相依为命。我听着她若无其事地描述着她的童年,然后她坚定地说出一句："我终有一天要出人头地，让那些看不起我的人瞧瞧。"在大学的时候，她向亲戚们借钱，前往南美当交换生，并且保证一定会打工把钱还上。因为她坚信：相较于自怨自艾，多出去看看世界，多结识一些人，多接触一些机会，才能挣脱困境、改变境遇。

我不知道她现在怎么样了，但我相信，就像她把自己送进了台湾政大念MBA，将来无论遇到什么、选择什么，她都会努力找到资源，通过奋斗得到她要的东西。

我母校，也就是台湾政大，校友情谊非常深厚，区别于有些名校学子较多的个人英雄主义，政大的校训是"亲爱精诚"，校友们用行动诠释了共享才能有所收获，大气方能成就卓越。学长学姐们给了我许多榜样的力量，引导我也乐于真诚地输出与奉献，而这张"大网络"在无声无息中记录下点点滴滴。那些曾经种下的真诚与利他的种子，在缘分成熟之时，便会以各种形式回馈给我们，尽管我们对此并无刻意期待。

自律的敌人，是"明日复明日"

周凯旋女士是一位在商业领域取得卓越成就的杰出女性，是周凯旋基金会创始人、李嘉诚基金会董事。她从普通职员起步，凭借出色的商业才华取得了卓越成就，曾负责东方广场项目获利颇丰，后在互联网投资领域表现出色，多次入选权势女性榜单，且积极投身慈善事业。她曾说："要想成为优秀的人，就应该聪明如狐狸，单纯似鸽子。"我对这句话极为欣赏，为人处世应如此。在做事之时，须具备洞察力、眼光、智慧、魄力与能力，但在待人方面，要真实、有诚意，不能工于心计。如此这般，才能收获对方的信任与坦诚。

人脉是一种资源，所以要用正确的"心"投资。可很多人将

"心"用错，便成了投机，一旦被发现，信誉度就会崩塌，就得不偿失。这很好理解：以不正当的心思去对待人脉关系，得到的就会是负面的结果。以纯净的心去对待他人，在与人交往中积累善缘，得到的自然会是更多的支持与帮助。世人其实都有一双慧眼，终会辨识穿着浮夸华衣抑或朴素粗布下的那颗纯净的心，以及那方纯粹的美好。

有一位从未联系的故人Minnie给我发微信倾诉她的愤怒。Minnie和我上的同一所初中，不同班。以前人们常用的社交媒体还是"开心网"的时候，我们加过网络好友，后来听到共同朋友告知，Minnie曾因看到我在开心网上分享的照片而来打听我，并顺带酸了几句。几年后的一次校友聚会，我们在现实中结识，她表示我本人和她想象中不一样，希望今后能多交流。

Minnie在微信上说她曾把一位同事当作朋友，什么心事都向其倾诉，对方却把这些当作谈资与人吹嘘，并且此事还传得尽人皆知。她还提及这个人与她从小一起长大，却多次出卖她，如今她们依旧是同事，这让她深感苦恼。第二天，Minnie再次发来微信，称看不到那位同事以及另一位同事的朋友圈动态了。这另一位同事也是她以前就认识，一个镇的。她觉得她们肯定在背后讲了她很多事，其中一个可能因她知道太多秘密而屏蔽了她。

我当时没有回复太多，只是劝她不要想太多，也不要生气。

那时的我,也还没有学习智慧文化。

以现在"稍有提高了一点"的洞察力来看,好像确实我们的言行皆有因果,在背后说别人是非,或许正是引发他人在背后谈论自己的一个原因。

后来有一天,一位同学约我喝下午茶,我想着好几年没见老同学了,正好自己也在上海,便赴约了。到了咖啡厅,没想到Minnie也在。聊天过程中,她突然说了一句:"童,为什么你的身份证是上海××区的?"接着丢给我一个意犹未尽的眼神,仿佛在说她很有路子,能查到我的身份证信息。因为我目前的身份证上早已不是那个地址了,所以这个××区的信息应该是从某些还没更新的系统里查出来的。她眼神中的得意还未消散,我笑着回应:"哈哈,已经不是那个地址了。"然后补充道,"其实,你所看到的我,就是我本人真实的样子。所以无论从哪里得到我的什么信息,都不会让你意外。"

通过这两件事,Minnie的交友习惯可见一斑。在她眼里,她对朋友一直很好,朋友们却个个背叛她,都是别人对不起她。我无法苟同这种观点,所谓"吸引力"在于自身,你的磁场,吸引什么样的人,都取决于自己。如果想对朋友表达"关心",却妄想靠抓对方的把柄来维系"友谊",这是不可能的。

孔老夫子说:"唯女子与小人为难养也,近之则不逊,远之则怨。"确实如此,尤其是后半句:亲近他们,他们就会无礼;疏远他们,他们就会抱怨。需要注意的是,这里说的"女子",不是泛指所有女性,古代特定的历史语境中,"女子"指那些没有接受良好教育、缺乏道德修养或者性格较为情绪化的特定群体。而"小人"好理解,通常指人格卑下的人。所以用现代的视角来看,不能将这句话片面地理解为对女性的歧视性言论。

在人际关系中,太多人难以把握相处的尺度,容易出现要么过于亲近而失去应有的尊重,要么过于疏远而产生怨恨的情况。

那时候的Minnie长期呈现出"不如意"的状态:事业、婚姻、交友仿佛都处于低谷。这像是一场连锁反应:学历不高,奉子成婚,又不甘心和现在的老公在一起,每天在鸡毛蒜皮中蹉跎。那次下午茶,我分享了阅读的益处。她说:"唉,我还要带小孩,哪里有时间看书啊。"

从前她在网上做了一份"什么行业最适合你"的测试,测试结果中有一项是"作家",于是截图给我,感慨道:"我不去当作家真是太可惜了。"

清华大学位于大礼堂前草坪南端的日晷上有一句铭言——行胜于言。我们不要成为"言语的巨人,行动的矮子"。自律的敌人永远是"明日复明日"。虽然许多人已经从我的生命中淡出,但我仍然衷心地祝愿每一个人能够有机缘遇到并践行圣贤文化,收获幸福。

以前我曾写过关于"五分钟建立人脉"的内容，概括起来就是："不管身处何地、何种场合，只要自身有才华，便总能迎来好的际遇。无须攀龙附凤，不必矫揉造作，更不用虚伪迎合。只要怀有一颗真诚之心，那么任何时候出发都不会嫌晚。"这句话到现在还适用。这蕴含着因果之理——我们以真诚和才华去面对世界，便是种下善因，而好的际遇便是善果的显现。

蓉蓉是我极少数愿意打交道的小贵妇，与那些每次找我都换一个不着边际的生意点子聊、已经过了那个时代还只看得上"千万级以上"大生意但又不落地的"老派名媛"不同，蓉蓉安心于老实本分地做好事情，包括数十年如一日地做昆剧志工，心性干净、纯洁且真诚。

她确实有巨蟹座的所有优点，温柔、顾家、不好高骛远。每次出门准备3到5顶帽子，不同场合搭配不同的帽子，这是融入她血液的礼仪。买了几百顶帽子和私人订制服饰，与炫耀无关，她只是想美丽且合适地出现在大家面前而已。不管见谁，她都会带份有心意的小礼物相赠，这是她对人的珍重。

她很健谈，其实抛开她的穿搭，她的言谈也是最融入场合的，她会配合每个人的话题，不冷场，这便是她的善解人意。记得有次，我参加一个晚宴，放眼望去，除了寿星，一个人都不认识，眼看陌生面孔向我友好地走过来，我局促地闷头吃饭，很怕和人从"您好"开始聊起。坐立不安时，我从人群中看到了帽子，心道：呀，是蓉蓉。我瞬间松弛下来，用她后来的话说，我像抓住救命稻草那样看着她。

因为每次出场,她的"礼帽"装扮都显得隆重,蓉蓉会被误以为为人高调。其实,她隆重出场,是希望给场合面子,也给了"你"面子。"你"不能因她的"高调"得了面子的同时又嫌她高调吧……另外,近距离接触她,会发现她比朋友圈照片上的她,更美丽、更鲜活,她的言行举止都流淌着真情实感,我觉得她很可贵。

人生的机遇和发展皆有其因缘。如果既没有考进好学校,也没有幸运地被父母送进好学校,又没有能力把孩子送进好学校,那么也可以另外寻找人脉通道。

如果你是年轻职场人,期望升职的话,可以试着多参加一些职业分享会、管理类课程和培训以及书友会等。在这些地方,有很多同样有上进心的职场人。大家可以相互交流职业发展的机会,彼此给予帮助。"你是制造业的?我也是!""你是传媒界的?我也是!""你们那里最近有财务主管的空缺吗?""哎,我朋友的公司正想找个采购经理,你感不感兴趣?""你说我该接受外派两年再回来吗?老板的意思是两年后回来可以给我升职"……

对于创业者而言,如果希望拓展业务,可以加入创业交流会、峰会。在那里听听奋斗着的人们都面临着什么困境和机遇。

哪些困难自己已经遇到过了，克服了，可以把经验分享给别人，获取好感；哪些困难自己正在经历，说出来，大家站在不同的角度出出主意，思路开阔了，也许自己就豁然开朗了；哪些困难自己还没有碰到，用心记好大家的分享体会，可以让自己少走弯路。或是去峰会听听现在的经济形势，成功者的辛酸路，休息的时候和同仁交流一下，也许一些正发愁的点就被理顺了，甚至可能找到志同道合的队友。再或者去展会，看看行业内的动向如何，最近有什么新品，是不是有哪家公司想换供应商……

要是生意人需要商机，那就试着去浙江商会、四川商会……那里有很多需要商机的生意人。你是卖空调的，他是卖衣服的，你把需要买衣服的朋友的电话留给他，他也会把需要买空调的朋友的电话留给你。做成一单生意，再请对方吃个饭，有来有往，信息不断，水到渠成。

如果想要开拓自己的眼界，避免成为井底之蛙，那么可以选择去读书会，在那里与他人一同沉浸在知识的海洋，交流思想，拓宽视野；也可以参加高尔夫俱乐部、红酒俱乐部、健身俱乐部、舞蹈社、绘画班等，找到拥有共同兴趣的朋友们，一起追逐热爱；或者来一场说走就走的旅行，在不同的地方感受别样的风土人情和文化魅力。

弱关系就是这么建立起来的。

美国有一项有趣的调查：社会经济地位高和地位低的两组人，在正常状态下，社会经济地位低的人对社交活动更积极，喜欢去认识更多人。

但是，当这两组人同时接收到他们可能失去工作的信号时，一旦受这个信号影响，这两组人开始构建的社交网络便完全不同。社会经济地位低的人从此倾向于接触更少的人，社交多元化程度降低，也许只和亲密关系者如父母，或者和自己家的狗相处。而社会经济地位高的人会考虑接触更多的人和更宽的社交圈，他们认定自己会不惧困难，重新振作。

回想一下，当你遭遇低落和脆弱的时候，你是怎么做的？如果是封闭自己，那就会让自己产生盲点，钻牛角尖，看不见自己拥有的资源，看不到朋友，看不到机会。

我回忆起自己低潮期的做法，当时生活状态突然改变。大约有20天，我完全从Facebook和朋友圈消失。看似好像封闭自己，其实并没有，只是不想让朋友们的关心干扰我本就一片混沌的大脑和内心。当时，我还做了一件事，后来想来还挺佩服自己的——我翻出两年来收到的所有EMBA学长、学姐的名片，一张一张筛选，最后选出5张，一个一个打电话，询问是否有合作的可能。

这个做法和那项调查最后给出的建议颇为吻合。所以，人所拥有的机遇并非偶然，而是与自身的种种行为和心念紧密相关的。我们的每一个选择、每一次努力,都是在为未来的机遇播种,是否有机会翻转人生,取决于自己的选择。

常到陌生圈子走动,会有意外收获。人脉,前提是有人,窝在家里的沙发上,当然不可能认识什么人。你必须走出去,开阔视野,寻得同伴,彼此有信念,互相是人脉。

阴德，人脉的硬核生产力

我们现代人关于人脉的积累，多关注于如何通过外在的手段去拓展人脉，比如社交活动、人际关系技巧等，相关的书也不少。这些虽然可以帮助我们结识更多的人，但都只是辅助，根本还是在于你得有播种过能结出"善果"的因。而这里，我想分享一颗好种子——阴德。

阴德，通常指暗中做的有德于人的好事。它不同于阳德，阳德是做了好事被人知道，从而获得赞誉和回报；而阴德则是默默付出，不追求外在的认可。因果是不虚的，你做了好事，别人知不知道其实不重要，宇宙中都有记录。而且那隐藏在生命深处的宝藏，有着更为深远的影响力，也为我们的生命积累着厚重的福报。

正如明代著名学者管东溟先生在《劝人积阴德文》中所阐述的那般：积金遗于子孙，子孙未必能守；积书遗于子孙，子孙未必能读。不如积阴德于冥冥之中，此万世传家之宝训也。

我们来看看《劝人积阴德文》中列的那些点，自然就明白了为什么说阴德是人脉的硬核生产力。说人脉都有点窄了，阴德实则是福报的硬核生产力。

"报人之德，不报人之怨。"意思是要回报别人对自己的恩德，而不要去记恨别人对自己的怨恨。前一句体现了"感恩之心"，后一句彰显了"宽容之量"，拥有这样的品质，怎能不让我们赢得他人的尊重和信任呢？毫无疑问，这正是为良好的人脉关系奠定坚实基础。

"分人之过，不分人之功。"意思是要分担别人的过错，而不要去分享别人的功劳。比如在职场中，一个项目组共同承担一项任务，其中一位成员由于经验不足在某个环节出现了失误，导致项目进度受到影响。此时，其他成员没有指责他，而是一起分析问题、共同承担后果，齐心协力寻找解决办法，这就是分人之过的体现。而当项目最终成功完成，大家都没有去争抢功劳，而是将荣誉归功于整个团队，这便是不分人之功。相反，如果在出现问题时大家互相推诿责任，成功后又争功夺利，这样的团队很难持续发展。像后者行事风格的主管，必然难以服众，其位不久。

"成人之美,不成人之恶。"意思是要帮助别人实现美好的愿望,成就好事,而不要帮他去做坏事。所以"利他"指的是为他人带去好处、价值和福祉,而不是助纣为虐。比如看到朋友有积极的梦想和追求,我们可以给予鼓励和支持,提供实际的帮助。而当有人想要做不道德的事情,一定要尽力劝阻。

"隐人之恶,不隐人之善。"意思是对于他人的过错,不要四处宣扬,而对于他人的善行,我们应积极传扬。但是,现实中很多人,基本都是反着来的。别人的善举常常被忽视,或者不认为有什么了不起,一旦他人有了过错,却迫不及待地传播,甚至添油加醋。不妨想一想,如果是你,你希望别人如何对待你呢?正所谓将心比心。能够做到"隐人之恶"实属不易,这需要具备宽容与慈悲之心;"不隐人之善"也并非易事,因为这要求我们克服自己的嫉妒心,心甘情愿地赞美别人的善行,传播正能量。如果在社交场合中,当你知道某人曾经犯过错误,而如今他已经改过自新,你选择从不去揭人伤疤。而当看到别人做了好事,你大大地赞赏他,肯定他,鼓励他。这样的你,多讨人喜欢?这不是积累善缘是什么呢?

"我不负人,而任人之负我。我不谤人,而任人之谤我。"这句话所表达的意思是,我们应当做到不辜负别人,即便面临被别人辜负的情况;我们不能去诽谤别人,即便遭遇被别人诽谤的处境。这些行为方式恰恰是积累阴德的体现。当我们检视自己过去的所作所为时,会发现很多时候我们可能恰恰相反,常常辜负他人或者参与诽谤他人，这无疑是在损毁阴德。

"以深心提人于生死之海，而人以浅心钝置之，毋弃毋亟。"意思是用深切的心意去帮助处于困境中的人，即使他们不理解或不重视，也不要放弃，要有耐心。比如在公益活动中，我们帮助那些面临生活困境的人，也许他们一开始并不领情，但我们不能因此而停止。用真诚心和善巧方便①，继续做我们该做的事。

"以热心共人于风波之舟，而人以冷心遐遗之，毋忮毋求。"意思是以热情的心与他人共同面对困难，即使被别人冷漠对待，也不要嫉妒和索取。在团队合作中，当遇到难题时，我们积极贡献自己的力量，即使有人不积极参与，我们不要抱怨，也不要嫉妒他人不用像自己一样付出努力去面对困境。

"销大衅于曲突徙薪，而勋名有所不必取。"意思是在危机尚未发生时就采取措施消除隐患，不要去追求功名。比如在工作中，我们提前发现问题并解决，避免了重大损失，但不要因此而邀功。"曲突徙薪"是一个典故，说的是有个人建议把烟囱改建成弯曲的，把柴草搬离灶旁，以防火灾。后来果然发生了火灾，扑灭后，那些被主人邀请救火的人受到了赏赐，却没有邀请当初提出预防建议的人。不过，这个人虽然没有得到明面上的表彰，实际上却积累

① 佛教用语，指随顺机宜而施设的巧妙智用。

了阴德。

"蒙极诬于明珠薏苡,而心迹有所不必明。"这句话的意思是,即使遭受极大的污蔑,比如被误会像把明珠错当成薏苡一样不被理解,也不必急于表白自己的心迹。人在"江湖",被误解是难免的,急于解释可能反而越描越黑,不如保持沉默,用实际行动来证明自己的清白和正直。这也是一种积累阴德的方式,不被外界的负面评价所干扰,坚守自己的内心道德准则。这其实也属于"六度"中的忍辱波罗蜜。

"为国家扶欲坠未坠之纪纲,则众嫌不必恤,而又不以气节自有也。"意思是为了国家去扶持那些即将崩坏的纲纪,不要顾虑众人的嫌恶,同时也不要以气节自居。自古便有这种为了国家利益而默默奉献的人,他们不顾个人得失,为国家的稳定和发展做出贡献。

"为世教发难明当明之道术,则众咻不必虞,而又不以门户自标也。"意思是为世间的教化去阐明那些应该阐明的道理和方法,不要担心众人的反对,也不要以自己的学派或门户自居。因为真正有使命感的学者和思想家,致力于传播真理,不畏惧外界的压力,也不局限于自己的小圈子或特定的门户之见。

"流俗之所争趋者吾避之,流俗之所共恶者吾察之。"意思对于世俗所争相追求的东西，我们要避开；对于世俗所共同厌恶的东西，我们要仔细观察。不随波逐流，保持独立的思考和判断。总之，正如你们所看到的那样，积累阴德的许多做法，在我们的日常生活里常常是与追名逐利的人性背道而驰的。所以，有福之人也就少了啊。

"幽则必阐，而过则必原。"这句话的意思是，对于隐晦不为人知的道理一定要加以阐释使其显明；对于别人的过错一定要推究其原因给予理解。这体现了一种理性和宽容的态度。一方面积极传播那些不被大众所熟知的正确理念和知识，另一方面在面对有过错的人时，不是一味指责，而是去探寻对方犯错的原因，从而更客观地看待他人的行为，给予包容和谅解。

"其道必不诡于中庸，而其心则不求人知，而求天知。不患人之不己知，而求为可知。"意思是我们的行为必须符合中庸之道，内心不追求被人知晓，而是追求被"天"知晓。不担心别人不了解不认可自己，而是追求自己有值得被人了解和认可的地方。这其实就是不求阳德，求阴德。

"求可知之中，不求可为乡愿知，而求可为狂狷知。不求可为狂狷知，而求可为中行知。不求可为一乡一国之善士知，而求可为天下之善士知。不求可为天下之善士知，而求可为万世之善士知。亦不必求为万世之善士知，而求可为依中庸之君子遁世不见知而不悔者，默相知于天眼遥观、天耳遥闻之中。"

这一段，是接着上一段说的，意思是：在追求被认可的过程中，不追求被世俗的老好人认可，而追求被有气节的人认可。不追求被有气节的人认可，而追求被"合乎中道"的人认可。不追求被一乡一国的善士认可，而追求被天下的善士认可。不追求被天下的善士认可，而追求被万世的善士认可。也不必一定要追求被万世的善士认可，而追求成为遵循中庸之道、当作世人典范的君子，即使隐居避世不为人知也不后悔，其德行将在超越时空的觉知中形成共鸣。

这体现了一种对高尚品德的追求，不迎合世俗，而是追求真正的价值认同。

"又不求生前之遐福，而求可质诸三界之鬼神。不求死后之荣名，而求可俟千百年之后圣。"意思是不追求生前的长远福气，而追求可以面对三界鬼神的无愧于心。不追求死后的荣耀名声，而追求可以等待千百年后圣人的认可。

上面所提及的每一点，仅仅是看一看就觉得非常不容易了，更何况将它们付诸行动。但从古至今，有许多例子，展现了阴德积累使事业、家族成功的案例。

于公是西汉宣帝时期管理监狱审案的小官。他经手的案件，犯人无不心服口服。曾有一孝妇被冤，于公据理力争，无奈太守不听，最终孝妇被判处死罪。于公为此抱病辞官。他一生公正无私，认为自己积下阴德，子孙后代必有兴旺发达之人。后来，他的儿子于定国官至丞相，封西平侯。于家从一个小小的狱吏开始，没背景没人脉，却因于公的阴德，后代得以封侯拜相，光大门楣。

唐朝名相裴度年轻时曾一贫如洗，屡试不中。有一次，他在街上的道观中捡到一个贵重的包袱，里面有翠玉带和犀带等物品，他一直等到失主前来，将包袱归还。后来又遇到之前为他相面说他会饿死的道长，道长说他容貌已变，从䲢蛇入口变为玉带纹，将来会有无量的福报，可能会出将入相。果然，裴度在德宗贞元五年考取进士，官运亨通，最终成为首相，还被封为"晋国公"，并且他的五个儿子也都被朝廷赐封爵位。

浙江宁波人杨自惩起初在县衙内做书办，做事公正，为人厚道。他曾劝县官不要对囚犯发脾气，还在囚犯缺粮时，与妻子商量后将自家米拿出来熬粥给囚犯吃。后来他们生了两个儿子，做官一直做到南北吏部侍郎，大孙子做到刑部侍郎，小孙子也做到四川按察使，并且都是名臣，都很有声望地位。

五代时期的窦禹钧，又称窦燕山，从小丧父，三十多岁还没有子嗣。一天晚上他梦见已故的祖父对他说，他今生命运不好，不仅无子且寿命短，要多做救人济世的善事才能改变命运。窦家有一仆人盗用了他两万银钱，将十二岁的女儿卖给窦宅以偿负钱，窦燕山见小女可怜,收为养女并为其择配良婿。他还曾拾到遗金、银,等候多时归还失主。窦燕山建立书院,聚书数千卷,礼聘老师,教育青年,资助贫困之人。后来他梦见祖父说他因阴德大,被延寿三十六年,还会有贵子,将来都很显达。果然,他生了五个儿子,都考中进士。

清代广东南海县有位叶秀才,早年家境贫寒辍学,在广西从事盐务,省吃俭用积攒了三百多两银子。道光十三年广东遭遇饥荒,叶秀才担忧乡民难以生存,果断将自己多年积蓄全部拿出以救济灾民。在他的倡导下众人纷纷响应,成就了灾年的一大善举。两年后叶秀才参加乡试,果然高中,第二年又喜得贵子,从此家道宽裕,生活健康安宁,人生反转。

其实自古以来,那些因积阴德而成就人脉、事业与家族辉煌的例子不胜枚举。我相信阴德并非遥不可及的虚幻概念,而是切实可行的人生准则。

很惭愧,我自身也还没将这些实践得很好。但我确实从积阴德中得到了宇宙返回来的"利益",也从"毁阴德"中受到了宇宙返回来的"惩罚"。

《了凡四训》中说:"举头三尺,决有神明;趋吉避凶,断然由我。"所以,想要利益还是惩罚,我从道理上还是知道怎么选的。

从道理上，我知道要延迟满足，要考虑久远的价值，而非眼前不稳定且无常的短暂好处。但从事实上，我还需要修炼，对抗那些自私的欲望。

在日常交往中，多一些真诚与善良，少一些算计与功利。也许短期内我们看不到明显的效果，但从长远来看，这些看似微不足道的善举可能会在不经意间为我们打开新的机遇之门。因为积阴德不是一种空洞的概念，而是通过实际行动体现出来的对他人的关怀和对社会的责任。所以，阴德不仅仅是人脉的硬核生产力，更是构建和谐社会的重要基石。

学会借助外力克服拖延

刹车比喇叭重要,相信别人不如相信自己。

人脉只是推动力,芯是你自己。更何况许多事情没人能帮你,如个人修炼。如果自己不动,即便别人有心想要帮助你,也会无能为力,甚至只能在一旁暗暗惋惜。有一句话,被误解好多年,叫"人不为己,天诛地灭",原文是"人生为己,天经地义,人不为己,天诛地灭",这里的"为"是修为、修炼的意思,就是说:人修身养性是天经地义的,如果人不修身养性,那么就会为天地所不容。"修身养性"是什么意思?就是通过自我反省,修品德,修观念,修言行,修心态,修生命品质。

你拥有许多在出版界知名的朋友，他们愿意帮你进行出版和宣传，然而写书这件事本身只能依靠你自己。写书的过程并非外人所想象的那样落笔成章。从整体框架的构建到内在逻辑的梳理，从文字的表达至案例的选取，无一不需要静下心来，耗费大量的精力去思考。创作固然不是一件容易的事，可又有什么事情是容易的呢？

墨子攻经过一个月的闭关，成功拿到了高级基金资格，即将成立私募基金，以此来丰富他游艇集团的各业务线。在那一个月里，他除了工作之外的所有时间都用于闭关，放弃了各种吃喝玩乐的机会，一直到考出来的那一刻，他打电话给我说："我成功了。"然后才开始呼朋唤友进行庆祝。可见，他真的具备内在纪律和自控力。

这与学生时代的考试不同，学生时代只需专注于复习和备考即可。成年人的闭关，是在工作的忙碌与辛苦之余，还要牺牲掉自己的空余时间，并且有些人的空余时间并非自己能够完全掌控，比如被无数的应酬所填满。所以，这里所说的闭关，还涵盖了自制力、专注力、对时间的周到管理，以及对非必要社交的拒绝。

对于墨子攻来说，他在金融、游艇方面的人脉和资源已经相当深厚，但是在别人向他导入这些资源之前，他自己也必须具备接收的条件。就如同有人要给你倒一杯1982年的拉菲，可如果你只有纸杯，那人家也没办法。即便倒在纸杯里给你，你也品不出拉菲的口感，这样就白白浪费了这珍贵的美酒。

有句话叫"最可怕的是,比你优秀的人,比你还努力"。其实这是一种循环印证的真相:当一个人努力时,他便种下了积极进取的因,从而收获变得更优秀的果。随着他变得更优秀,便会进入到更优秀的圈子,在这个圈子中,主观上他自身有追求更高境界的意愿,客观环境也促使他更加努力,这又形成了新的因。如此循环,他便会不断变得更加优秀。

就像有人选择大学四年在打游戏、看剧中度过,临近毕业却开始着急起来。一个个都想着要进入名企,期望能找到事少、钱多、离家近并且还有发展前景的工作,每次面试都对HR说自己会努力,希望能得到一个工作机会。"努力"这两个字履行得比别人晚,"成功"这两个字又期待得比别人早。现在才着急,那你早干什么去了呢?

说到拖延症,如果你知道自己习惯拖延,一下子写不出10万字,那可以每天写一点。就像村上春树写书40年,为了专注创作,他常常旅居海外写小说,以此逃避国内不必要的社交以及媒体和粉丝们的打扰。他规定自己每天写4000字,只有完成了才可以"下班"。

积累的价值在实践中常常被忽视,在此可以分享一下我写研究生毕业论文和写这本书的差异感受。

就研究生毕业论文而言,在研一下学期时我基本上就确定了研究方向，照理说我有一年的时间可以用于查阅文献、与教授讨论、列架构、做调研等。然而，我什么都没有做，只带了一本关于女性创业的书，它跟着我飞到法国又飞回来，却仅仅被翻了十几页。

前期我内心怀揣着对论文的愧疚，到最后3个月时就变成了焦虑——我该怎么办呢？面对可能会延迟毕业的窘境，只能放手一搏。于是，在那3个月里，我几乎干不了其他事情，每天都熬夜写作，最终写出了一篇"我若更早投入时间做好准备应该会写得更好"的论文。我不敢想象再经历一次那样的过程我会多么痛苦，每每回忆起来，都庆幸自己终于熬过来了。

写本书第一版《生活需要自律力》的时候，虽然拖延症一直让我无法静坐案前下笔，但是"这本书很快会面世"的念头始终在心中，所以一旦生活中有素材，我便随即记录在手机里。当然，我也偶尔会把这个消息对外宣布，于是读者粉丝们常常期待这本书在当年会发布，结果我几次悄无声息地修正了"很快"的定义。

当我真正伏案写作时，本以为这会是个巨大的工程，就像再次把自己架到了半山腰，上山吃力下山也不容易的境地。谁知，只整理了一遍素材，居然就已有60000字，仿佛一半已经完成了。虽然调整好整本书的架构后，这60000字被狠狠地精修到了40000字，但这已经比从零开始生产要快多了。那些零零散散的随手记，变成了一本书的基础，真正体现了"量变到质变"。

所谓"Deadline是最强生产力"，为了让自己的能量得以激发，我在写到差不多80000字时，与出版社签约，定出准确的完稿日期，让自己没有退路，借助外力来克服拖延症。

方法带你去往高低远近。只要明晰事情的重要性和优先级，总有方法让自己动起来。

我还有一个借助"外力"克服拖延、提升动力的小窍门，那就是把一些难以产生动力去做的事情和自己喜欢的事物联结起来。比如，还有3份合同要看？没关系，我在办公室里打开了精油香薰，那是我特别喜欢的一种味道，它散发出来的淡雅香气能够让我感到放松和愉悦。当这种喜欢的香气弥漫在办公室的空气中时，看合同的工作似乎也变得没那么枯燥了。这种方法就像是给原本平淡甚至苦涩的任务加了一勺糖，让它变得更容易接受，也让自己更有动力去完成它，而不是任由拖延症发作。要知道，拖下去，积重难返，人是会丧气的。

能否做到是能力问题，去不去做是态度问题。做了不一定成功，但不做，一定不会成功。那些"个人发展受阻时归咎于资源受限、无人伸援手，却不从自身找原因"的人，往往陷入一种错误的思维模式中。如果只看到外部的不利因素，却忽视了自身的问题和潜力，这其实是一种缺乏内省和自我觉察的表现。我们应该学会从自身出发，审视自己的言行举止、思维方式和价值观，积极主动地去寻找解决问题的方法，不断积累善缘和福报，才能在人生的道路上不断前进，实现自己的价值和目标。

学历这件事，一旦拿出来说，必定会招来许多不同的声音。首先，必须承认学历并不代表一切，"高学历一定如何，低学历一定不能如何"这种偏见肯定是不正确的。其次，来说一下"大概率事件"和"被选择"。

在创投圈中，对于初创项目而言，商业模式会随着验证而发生变化，所以在早期投资时，主要看的是人，也就是创始人及核心团队。投资人在挑选创始人时有一些潜规则。

其一，看学历。因为学历代表着学习能力和校友圈子。

其二，看经历。包括待过什么样的企业、做过什么项目以及有没有带过人。原因在于，这代表着投资人投你之后，你会不会花钱、会不会乱花钱以及会不会精准花钱。

当然，除了看学历、经历外，投资人还要看很多方面。但学历至少反映出一个"大概率"观念。就像《逻辑思维》有一期说到"专业"和"业余"的区别，其核心观点是：一个领域的专业人士不见得水平能比业余高出多少，关键是发挥稳定。就像一个高水平的大夫，不是说他能治好其他人治不好的病，而是在于他的治疗效果是稳定的、可以预期的。专业人员背后的所有训练，都是为了达成这个目标。

我曾在微博上看到一位创业明星的话：在"80后""90后"的年轻人里，一定有学历特别高而无能的，但是属于小概率事件；也一定有学历特别差而能力强的，但也属于小概率事件。

曾有一位下属调侃我:"拜托你别在我面前爆英文单词好嘛,我学历不高,听不懂。"那时我刚从法国回来不久,因为上课以及和同学们交流都是用英文,语言习惯一时间没有调整过来。不过,如果你的学历不高,在思维逻辑和处事能力方面与大家存在落差,其实可以去想办法精进学习。如果你的英文不好,听不懂老板和同事们的表达,那么可以虚心地向大家求教,让大家解释给你听,而不是要求老板配合你。

有这样一则新闻,一位因收费站撤销而失去工作的收费员说:"我今年36岁了,我的青春都交给了收费站,我现在啥都不会,也学不了什么新东西了。"但我们要知道,世上总有一些工作岗位会被淘汰,现在连AI都来挤占就业空间了。只有自己努力学着不被替代,为自己增加价值,才会有更多的保障呀。

若是对自己品行与能力的要求,能像对地位与薪资的要求那般有野心,可能才会真正消除"野心与才华"之间的落差。虽然从更高的智慧来看,我们生活中的种种追求与渴望,皆如梦幻泡影。然而,这并不意味着我们应消极对待人生。我们通过阅读、学习、实践和反思来不断修炼心性,提升自己的智慧与能力。在这个过程中,我们会发现自己的潜力是无限的,只要我们愿意努力,就能够不断超越自己。而当我们的心态摆正、能力提升时,我们也会有更多的机会去实现自己的价值。

第四部分 华丽蜕变

——你如何过一天，就如何过一生

自律：觉知到自己的起心动念

从之前谈到的"种子法则"的四个特性，到错误的知见和习气对我们的损害，再到人生真正的正反馈源自我们在德行上的播种……我们明白了：用正见智慧，方能对治错误见解。善护自己的身、口、意，即行为、语言、念头的种子，戒恶修善，培植福田。自律、精进，面对诱惑和压力保持坚定和清醒，将心"转染成净"，才能达到平静和喜悦，体验真正的幸福和满足。

接下去，我要隆重介绍"健康生活五大信念"。这也是一行禅师提出来的。他说："为了在我们的日常生活中实现和平，我们需要一些准则。两千五百年以前，佛陀给孤独长者和他的朋友们开示了五条极好的戒律，以帮助他们建立起一种祥和健康的生活。从那时起，在许多亚洲国家，这些准则就被用来作为幸福生活的伦理道德基础。我将使它们对今天社会情况的适用性更鲜明一些，并把它们提示给你们。暴力、性虐待、种族歧视、毒品烟酒、环境污染以及其他很多问题，迫使我们去找出方法，来消除在我们大家心中和社会上不断蔓延的痛苦和烦恼。我希望你们好好思考这五戒，并去实践它们，或者按它本然的形式，或者按照它们在本民族传统习俗中所表现出来的形式。祈愿大家生活幸福，吉祥如意！"于是就有了这"健康生活五大信念"。

第一，不杀生。认识到生命毁灭所造成的痛苦，我发誓培养悲心，学习各种方法保护人、动物、植物的生命。我决心不杀生，不教人杀，在思想上和生活中不宽恕自己的任何一种杀生行为，同时也不随喜任何人的杀生行为。

第二，不偷盗。认识到由剥削、压迫、偷盗和社会的不公正等现象所造成的痛苦，我发誓培养慈心，学习各种方法，为人、动物和植物的良好生存状态而努力工作。我发誓，通过与那些真正需要的人分享我的时间、精力和物质财富的方式，来修布施。我决心不偷盗，不将任何属于他人的物品据为己有。我将尊重他人的财产所有权，但我将阻止以人类的痛苦为代价或以地球上其他地区人民的痛苦为代价来为自己谋取利益的行为。

第三，不邪淫。认识到由不正当的性关系所造成的痛苦，我发誓培养责任心，并学习维护个体、夫妻、家庭和社会的安定与团结的方法。我决心不卷入没有爱和长期承诺的性关系中。为了维护我和他人的幸福，我决心尊重自己和他人的承诺。在我力所能及的范围内，我将做一切事情来保护儿童不受性侵害，防止夫妻关系和各个家庭因不正当的性关系而破裂。

第四，不妄语。认识到由说话心不在焉和没有倾听能力所造成的痛苦，我发誓修习爱语和倾听，给他人带来幸福和快乐，从而减轻他们的苦恼。明了语言可以创造幸福或制造痛苦，我发誓学习讲实语，讲能够激发人的自信、给人带来快乐和希望的话。我决心不传播不确定的消息、不批评或谴责我没有把握的事情，避免讲会导致分裂或不和的话，或会导致家庭、团体破裂的话。我将尽一切努力来调解和平息所有的矛盾，无论是多么微小的矛盾。

第五，不饮酒。认识到由不适当的消费所造成的痛苦，我发誓通过有觉照的饮食和消费为自己、为家庭、为社会保持良好的健康，无论是生理方面，还是心理方面。我发誓只吸收那些对维护我个人、我的家人和社会大众身心健康与和谐有益的东西。我决心不饮酒，不吃有害的食品，不接触不健康的精神产品，比如某些特定的电视节目、杂志、书、电影及谈话等。我知道，用这些"毒品"来损害我的身心就是背叛了我的祖先、我的父母、我的社会和我的后代。

我将通过修习既适用于个体也适用于社会的这五戒，使自己心中和社会上的暴力、恐惧、愤怒及混乱状态得到改变。我明白，要改造自我，改造社会，一份合适的戒规是必不可少的。

曾经，我以为这些是约束，可真正实行起来，才深刻体会到，在这样一个充满诱惑的世界里，它们其实是对我的一种保护——避免我种下苦果。

因为当行为发生的时候，一定是"念已动"了。对我们而言，心念极其细微，如风中烛火般易受外界干扰，念头在刹那间产生，难以察觉与把控，要"善护念"谈何容易。然而，行为是心念的外在表达，念头的性质决定了行为的走向——善念往往引发积极行为，恶念可能催生不良行为。相较于念头，行为更容易被观察到。所以，我们可以从规范行为入手，以良好行为准则约束自己，这如同为心念建立起一道防护栏。而且行为反过来也会影响念头，积极的行为将促使产生更多正面的念头，久而久之，心念也会在这种积极的反馈循环中得以净化和守护。

文章《你的善良里，藏着你的福气》中写道："如果你为人善良，你会发现，身边善良的人也会越来越多。如果你心怀善意去做事，很多事情往往也会顺遂很多。人生就像储蓄罐，你付出的每一分努力、投入的每一分善良都会在未来的某一天回馈给你。当这份惊喜悄然来临，有人把它叫作运气，其实它只是你久积善良，生活给予你的馈赠。"《格言联璧》中也说："人为善，福虽未至，但祸已远离；人为恶，祸虽未至，但福已远离。"印祖也说："世人每有一念之善，即可转祸为福，转凶为吉。"

所以，不杀生的信念让我们尊重所有生命的价值，当我们以善良对待生命时，这种慈悲之心就如同善意的种子播撒出去。在人际关系中，不伤害他人，给予他人尊重和关怀，如同善良的辐射，能吸引更多积极的人际关系，也就是身边善良的人会增多。

不偷盗的信念让我们尊重他人的权益，在生活中不占他人便宜，以公正、诚实的态度对待工作和他人。"天道酬勤，商道酬信"，这有助于我们建立起可靠的声誉，如同在储蓄罐里存入了信任的财富，在未来也会收获他人的尊重与合作，使得很多事情顺遂起来。

不邪淫的信念促使我们维护健康、和谐的家庭关系、伴侣关系及朋友关系。忠诚、尊重和责任心也是一种善良的体现。现在离婚率高，或是遇不到正缘，或是眷属不和睦，其实都是曾经造作过邪淫的种子发芽了。

不妄语的信念让我们以善良的心说诚实、鼓舞人心的话，这能够避免不必要的纷争，建立起和谐的交流环境。这样的交流环境自然有助于我们在生活和工作中减少障碍，吸引更多积极的因素，为我们带来顺遂的境遇。

不饮酒的信念引导我们保持健康的生活方式，远离不良的精神和物质诱惑。保持清醒的头脑和健康的身心。这本就是对自己的善良，对他人的善良，也是对关心我们的人的善良。

美国著名政治家、科学家、发明家本杰明·富兰克林为了提升自己的修养，制定了一个著名的13项美德清单，包括节制、沉默、秩序、决心、节俭、勤奋、真诚、正义、中庸、清洁、平静、贞洁和谦逊。他每周专注于培养一项美德，通过不断地自我监督和反省，逐渐将这些美德融入自己的生活中。

之前说过要给大家分享，我获取财富和社会地位的小心得。其实说出来，反倒蛮简单的。我采取的是双管齐下的做法：内修和外治。

内修，学习智慧文化、圣贤文化。我觉得阅读是性价比最高的修炼途径。每天，我都会空出时间阅读书籍，或者诵读经典。比如有一部经典，以感召财富闻名，叫《大乘离文字普光明藏经》，内容很短，我几乎每天会读一遍。我想之所以它被冠以"求财得财，所求遂意"的作用，是因为它在其中传递的思想，主要有三点，在此我只分享前面两点。

第一，我们应该远离哪些事？答案是：我们应该远离欲贪、嗔怒、愚痴、我取[1]、疑惑、骄慢、懈怠、惛眠[2]和爱着[3]这九点。

第二，我们应该做哪些事？这里提出了"非己所安，不加于物"的原则，意思就是自己所不愿意接受的事情，不要施加在别人身上。里面具体解释道："自爱身命不应杀生，自重资财不应偷盗，自护妻室不应侵他。"也就是说：热爱自己的生命就不应该杀生；看重自己的财产就不应该偷盗；爱护自己的妻子就不应该侵犯他人的妻子。因为"无有众生爱乐于苦，凡有所作悉求安乐"，这是对本性的深刻洞察：众生的本性是趋向安乐而远离痛苦的，人们在生活中的各种行为和努力，从根本上来说都是为了获得幸福、安宁、舒适、安乐。

---

[1] 佛教用语，也被称为"身见"，是对自我存在的错误认知。
[2] 佛教用语，指惛沉（精神昏沉）与睡眠（生理困倦）两种烦恼的合称。
[3] 佛教用语，指对感官对象或内心经验的强烈贪恋与执着。

所以，不难理解，止恶修善，劝阻他人偷盗或者制止他人产生盗心，自然是能够增长自身财富的。

当然，阅读只有入心才会有用。这就需要在学习的过程中，边学边与自身的观念和习性相对照，进而加以改正。当观念发生改变，人生才是开启了新篇章。观念变了，思考逻辑就变了，态度就变，行为就变，习性就变，久而久之，最终生命品质也改变了。以最近流行的MBTI性格测试为例，在学习圣贤文化以后，我的测试结果发生了根本的改变。我不希望我的改变来自外在的重击，被生活薅光头发，所以我得从鸡蛋内部打破这个壳，那就是——自己主动改变。

而且，有一段时间，我会每天记录三项内容：值得感恩的事、我做得好的事、我做得不好的事。这些好和不好的定义，大家可以参照"十善业"和"十不善业"。

十善业为不杀生（尊重生命）、不偷盗（不取非义之财）、不邪淫（守持正行）、不妄语（诚实不说谎）、不两舌（不搬弄是非）、不恶口（不恶语伤人）、不绮语（不说无意义的话）、不贪欲（节制欲望）、不嗔恚（不愤怒嗔恨）、不邪见（秉持正见）。

十不善业即杀生（剥夺生命）、偷盗（窃取财物）、邪淫（不正当的性行为）、妄语（说谎骗人）、两舌（搬弄是非）、恶口（恶语伤人）、绮语（说无意义的浮词艳语）、贪欲（过度贪求）、嗔恚（愤怒怨恨）、邪见（错误的见解）。

外治，这相较来说就简单多了，总结起来就七个字——该做什么做什么。意思是要通过阅读和学习,掌握知识和技能,然后该工作就工作、该开会就开会、该出席活动就出席活动、该帮忙就去帮忙……在做事的过程中锻炼能力、积累人缘。

当有一天,又一位政大企家班的大学长对我说:"你愿意接任下一届的商学院校友会会长吗?"我想了想,如果总是嫌事情多、计较得失,那么当会长会很吃力不讨好。所以,如果接任,我一定要以"服务大家"的心态来做事。这样一来,心中就没有负担了。于是,我说:"好的。"

都说,舍得,舍得,有舍有得。说一个我亲身的小小经历:一次我去九华山,到了翠峰寺后,见到一位老师父在观音洞旁,平时来后山的游客本就不多,那天山峰上更是人迹罕至。我恭敬地供养给他100元,那位腼腆的师父很不好意思地连连拒绝,见我很坚决,他的感激之情溢于言表,眼睛里充满孩童般的光芒。随后,我继续往上走,不远处就是一个四面通透、被山景环抱的亭子。我在亭子里开始诵读经典。诵着诵着,看着自己带的茶杯走了神,心里想:要是现在有热水就好了,茶好浓啊,又渴。万万没想到,我刚这么想完,刚才那位老师父突然拎着一个热水壶上来了。他待的地方明明摆放了好几瓶矿泉水,可他拎上来的竟然是装满热水的热水瓶。这对我来说简直就是当下最需要的东西啊,你能想象一个爱喝茶的人对热水有多渴望吧,就像爱喝咖啡的人突然看到面前有一杯咖啡时的那种惊喜。再然后,我下山回程,还没等我们驶车离开,我的手机突然响起微信通知:到账10000元——有人从我们

MUSINESS商用版权音乐平台上"原价"购买了10首音乐的版权授权……那时平台才刚刚开启宣传推广不久。

我们都知道布施有好处，它能激发我们内心的慈悲和善良、减轻自私与贪婪、培养感恩之心、提升自我价值感、增强幸福感和满足感、赢得他人的尊重和信任，而且当越来越多的人参与到布施行动中时，整个社会将充满关爱和互助。

另外，布施可以积累福报，《地藏经》第十品为《校量布施功德缘品》，在这一品中，地藏菩萨向如来问了一个问题："我观察到业道里的众生，做布施的事，有轻有重，有的一生受福，有的十生受福，还有的百生、千生能受大福利，是什么原因导致的这种差异，希望世尊能为我讲解。"然后佛陀开示了布施的因缘。其实从心理层面来看，积极的行为往往会带来积极的反馈。布施所带来的正能量，可能会在未来以各种形式回报到自己身上，为生活带来更多的幸运和机遇。

前面有一章节讲选择"一倍人生"还是"两倍人生"。如果一倍人生是"拿进来"，那么两倍人生就是"给出去"。布施有三种：财布施、法布施、无畏布施。

其实，遵循健康生活五大信念，也是在施"无畏"。

动物都是有感觉的生灵，当我们秉持不杀生的信念时，动物们看到我们就不会害怕，不用担心我们会伤害它们，从而能够安心自在。

秉持不偷盗的信念，是给他人财产安全的无畏布施。如果人人都能坚守不偷盗，那我们就无须担忧自己的财物被盗。这种安全感是一种无形的财富，就像在人群中播撒了信任的种子，大家都能在一种安心的氛围里生活、交往。

不邪淫的信念亦是如此，别人不用担心你会破坏她的家庭，不用担心受到不当的侵犯或伤害。而且如果夫妻双方秉持不邪淫的信念，那就不用担心感情背叛而产生焦虑和恐惧，这是给予家人心灵上的安宁，这无疑也是一种无畏布施。

不妄语的信念同样是在施无畏。当我们始终诚实待人、不欺骗他人时，别人与我们交往就会感到踏实、放心。在商业活动中，如果每个从业者都不妄语，消费者就不会害怕被欺诈，合作伙伴之间也不会担心被算计。

不饮酒的信念也能施无畏。这里其实指的是让我们"迷失神智"的事物，比如黄赌毒，不单指酗酒。饮酒过量可能导致人失去理智，做出一些危险或者不适当的行为。当我们不去使用那些让我们失去神智的东西，我们的行为便是可预测的。别人与我们相处，都不用担心我们会因为饮酒失态而带来麻烦或者危险。酒驾多危险？生活之路上的"酒驾"也是一样的。

我有一位学姐叫Sylvan，在政大企管念的博士，此前就读于新加坡南洋理工大学。大家如果看到我不同纬度的特质，例如逻辑思维能力强、不爱与人相处、拥有世俗观念中的"灵魂的自由"。那学姐就是我的极致版。"有道无术，术尚可求。有术无道，止于术。"对于"道"，我属于拿来主义，靠的是深信圣贤的教诲，而学姐是用极强的逻辑思维在自己的工作与生活中体悟到了"道"。作为一位女性，运营企业，带领二三十人团队跨越十多年的发展。对外，她也不爱社交，她是唯一一个对我说"资源，大家都是差不多的"的人。

我不想见人还会直接说没空，她属于大家根本找不到她在哪儿的那种人。对内，她爱独处，屏蔽嘈杂的声音。对团队，她给予信任，放手让团队成员有机会施展能力。而业务，她是不需要依靠社交获取的，会从天而降——她正应了那句"不是你找钱，而是钱找你"。这件事，我因为学习了圣贤文化才相信，而她是用这么多年成功的经验来证明。我很佩服她。

她根本无所谓大家知不知道她有多优秀。她就是一直这么独处着，只和自己相处。作为某银行的私人银行黑卡客户，丰盈的精神世界，使她根本不需要奢侈品装饰。几年前对我说出"这世界，就是自己和自己的一场游戏"的也是她。

在香港的时候，墨子攻调侃说："用一个词定位你和学姐的关系。"我发现我定位不了。如果说近，我们可以几年不见，也不联系；如果说远，我又觉得能一同站在那个思维程度交流的女人，可能就她一个。

选择：信息社会，最重要的能力是删繁就简

一、不要听情绪

"我觉得他的态度让人很讨厌。"公司的一位同事在电话里抱怨。

我问："他不愿意帮忙处理？"

"他愿意，只是超爱摆谱。"

"愿意就行了，快放掉情绪，处理下一件事。"

我确实觉得没必要纠结于情绪。你勉强别人花时间和精力帮忙，对方也的确帮你解决了问题。他态度好，帮了你，你心存感恩。他态度不好，但帮忙的行为已经发生，已经付出了行动，态度

不好，吃亏的其实是他啊。

一件事被你用各种方法处理完毕，应该是值得高兴的。而如果因为别人的态度影响了你的情绪，耽误了下一件事的效率，这个时候，吃亏的不就是你了？

他的态度，是他的事。他实际做了对你有利的事还是对你不利的事，才与你有关。有人堆着笑脸却拒绝了你，有人骂骂咧咧却保护了你，你要哪个？所以不要被情绪左右，情绪只是一种虚假的感觉，也许他在忙，也许他在焦虑，也许他刚生完一场气……重点是，他到底是拒绝了你，还是保护了你。

而且，不要和同事们去议论一些凭空想象、毫无根据的原因，八卦之风容易让人加深对事情的错误认知和理解，进而加重自己的负面情绪。很有可能当真正了解真实情况的时候，你会发现生气不仅是完全没有必要的，而且由于生气而花费的时间还会严重地影响工作时的心情以及效率。

二、行为才是真相

观察一个人，不要听他说了什么，要看他做了什么。因为说话是没有成本的，行动才有。

说"we are family"（我们是一家人）的人不一定是你父

母。比如有企业主总把"我们是一家人"挂在嘴边,行为上却不拿员工的利益当回事,比如在薪酬待遇方面,总是想尽办法压缩成本,不给员工应有的回报;在工作安排上,过度压榨员工的时间和精力,却不给予合理的休息和发展机会。于是公司员工的流动率高,留不住人才。其实这反映了一个隐藏心理:一个企业主如果总是觉得外面的人比自己公司的人好,也许说明,他骨子里觉得优秀的人是不会去他的公司的。

她说她不怕晒黑却在晴天打伞,他说他很爱他女朋友却发了长长的暧昧信息给你……言语可能动听,行为才是真相。我们常常被华丽的言辞所迷惑,却忽略了那些真实的行动所传达的信息。一个人可以轻易地说出甜言蜜语,但真正的爱和承诺是通过实际行动来体现的。同样,一个企业主的口号喊得再响亮,如果没有实际的行动来支持员工的发展和福利,那也只是空洞的口号而已。我们应该透过言语的表象,去观察一个人的行为,才能准确地了解他的真实意图和品质。

三、理由不重要

"CC,你问问看Y老师那里可不可以办证照?"

CC打完电话,回复我说:"Y老师说不能办,因为那个证照现在都不让办了。"

我回:"可前两天我还听朋友说他刚办完。Y老师的话,你只需要听懂'他那里不能办'这层意思就行,不用听理由。因为如果他拒绝你,他不一定会直白地告诉你他办不了,他会告诉你其他理由,以表明不是他的能力或者他的意愿问题。但你不是那个领域的,无法验证他给的理由的真实性。所以,听结果就行,理由不重要。倘若你信了这个理由,就意味着不会再去求证,也就是放弃了。你再去问问其他机构,看看谁能处理?"

果然,CC问了其他机构,得到的回复是可以。

一个人没有做成功一件事,理由不重要,那理由可能是说给外人听的,也可能是说给自己听的。就像你可能无法对别人说:"我把一笔订单丢掉了,是因为自己在谈判的时候没发挥好。"于是,便找了个理由说,"客户短期不需要"。

这让你度过了眼前的"被质疑""被处罚"。然而,要长期生存,我们还是得要提升自身能力。因为事情的结果不会永远陪我们演戏。

四、原因很重要

瑞·达利欧说:"在对话中,很常见的情况是:人们会分享其结论,而非他们所得结论背后的逻辑。所以说,人们对自己的烂主意深信不疑的情形屡见不鲜。"他建议我们:要更关注发言人的推理过程,而非其结论。

一位企业老板困惑地问我:"明明我们拥有那么好的产品,为什么没有人买?"这么多年来,他一直在变,产品不断修改,还没正式向市场推出"1.0版本",就已经改版四五次了。所以市售的产品版本繁多、功能不定、质量不稳。

他不愿在品牌推广上花钱,作为工程师出身的他,无法理解品牌的意义。然而,在实际推广产品的过程中,是无法避免推广品牌的。于是,他每次花一点钱,但始终是蜻蜓点水,没起到什么作用。而这一点一滴的花销累积起来,数目已经不小。这让我想起我大学的时候,没能忍住贪小便宜心理,买了许多便宜的瓶瓶罐罐,其实加起来的钱,已经可以买几套好的护肤品了。

当时,我问他:"有没有什么风靡的产品,是你既叫不出它的公司名也叫不出品牌名的?如果那家知名的对手公司要出同样的产品,会容易吗?他们一直不行动,是觉得市场不好,还是根本不着急呢?因为就算你用两三个亿的实践证明了市场很好,他们到时候出一款类似功能的产品,是不是立刻就把市场抢过来了?毕竟他们有很强的品牌知名度。"他说:"那家知名的对手公司已经推广了类似产品,只是没有做××功能。"

我问道:"那你知道他们不做××功能的原因是什么吗?他们是觉得先不做呢,还是根本就不需要?如果是后者,那又是为什么呢?"

当我问出这些问题的时候,也许有人会拿亚马孙CEO的话来回应:"别总盯着竞争对手。"但是,我相信他说这句话是有前提的。

一些知名人士今天讲了什么其实跟你并没有多大关系，重要的是知道他们是在什么前提下讲了那些话。断章取义会导致逻辑不严密。很多人在阅读时往往只看一半，甚至连一半都不到，仅仅抓到自己想看的一句话，也许只是一个标题，就用自己的理解去填充全部内容。那么，这样的阅读理解方式到底是会让你有所长进，还是会拖垮你的思维呢？

别人无法做成的事情，你做成了，是什么原因？
别人大概率都能做成的事，你却失败了，又是什么原因？

而且，了解那家知名公司为什么不做某些事情，其意义在于可以通过了解他们的思路来进行竞争分析。我们都知道："一个企业活下来以后，若要再长大，它的选择往往不是它多做了什么，而是它不做什么。"有时，追溯行为的原因是为了找到行为的逻辑。

当然，也不要盲目进行推广，产品质量是相当重要的。如果质量不行，那么IP推得越快越广，就会死得越快。

五、抓重点

抓重点，代表着"时间效率"和"精准使力"。

有时候做成一单生意的关键，并非在于找到了对方公司的老大,而是在于是否找到了那个能决策这单生意的"关键人"(keyman)。我常在公司给团队举这个例子:比如你研发产品,想为现有的"会使手酸"的钻机进行改良,生产出一把钻多少孔都不会手酸的钻机。等研发成功后售价100元,却无人购买。因为人们在使用另一项发明,一把10块钱的尖头仪器,它可以在多种材质上钻出孔来。你做了无用功,原因就在于搞错了重点——人们需要的是"孔",而不是"钻机"。

抓重点在于得清楚,"要什么"和"怎么得到"。

那些无法带给你增值的事,显然不是重点。比如,高速上偶遇喜欢与人赛车的少年,对你竖起中指说:"你会不会开车,跟龟速一样。"你居然大飙脏话,还真的开始加足马力……又比如,你明明多看一遍资料,就可以轻易通过明天课上的测验,可你偏偏带了小抄……再比如,你只需要花5分钟就可以帮助别人,却花了10分钟跟对方解释你实在很忙……

呼应上一节的内容。抓重点,不仅在于你知道你"要"去做哪些事的判断和能力,也在于你知道你"不要"去做哪些事的判断和能力。

人生充满着各种诱惑和干扰,我们需要保持一颗清明的心,学会抓重点,不被那些无意义的事情所牵绊。只有抓住生命中的重点,我们才能在这纷繁复杂的世界中找到真正的幸福和安宁。

从容：慢慢来，有时比较快

一、说重点

Hannah给Parry打电话："Hi, Parry, 我跟你说一件事, 本来不是定了你在下午一点半开始给新任部门经理培训吗？现在……喂？喂？我听不清……"

信号断了，她重新打了一遍："Hi, Parry, 刚才断了，现在能听清吗？哦, 能的对吧, 好, 是这样的, 不是本来定了你在下午……喂？喂？哎哟！又有杂音了, 算了, 算了, 我发短信给你好了。"

她挂了电话，Parry估计是没听清后面的话, 便拨了过来, Hannah又说："哦, 刚才信号太差, 本来打算给你发短信了。是这样的，刚才是想跟你说关于今天下午的培训，本来你的时间不是定在一点半吗？现在是这样，KiKi下午有重要的客户要接待，他给部门经理的培训打算放到两点，所以要麻烦你中午早点吃饭，因为你的时间被换到了……喂？喂？啊！你的手机有问题呀，又有杂音了，真是的！"

电话又断了，Parry再次拨过来，Hannah再说："Parry，你那里信号太差了，每次都是一开始清楚，后来就有杂音。是这样的，下午KiKi有事要早走，他想把他的培训时间放在两点，原本你不是定在一点半给人家培训吗？想跟你商量一下，改在一点开始可以吗？这样你的部分还是讲一个小时。"她终于在手机杂音出来之前把话说清楚了！

这是真实发生的事，整个过程是当着我的面发生的。我开玩笑地跟Hannah说："等了10分钟，才听到你说出重点。"好像在演电视剧，一个人受重伤，临死前说："杀我的人是……杀我的人是……杀我的……啊……"最终也没能说出凶手的名字。

很多人讲话都是如此，开场说了很多，但就是说不到重点。

Hannah若能在一打通电话的时候，就直接对Parry说："Parry，不好意思，下午你的培训时间改在了一点，麻烦提前做好准备。"就不需要浪费这10分钟了。

有时候我们过于急切地想要表达，反而会陷入混乱和冗长的叙述中。面对各种情况，不慌不忙地整理好自己的思路，从容一点。慢慢来，有时比较快。

二、要相信专业

你没上场，最烦的却是你。

曾有位民营企业老板，每天都很忙，指导程序员如何编程、指导市场部如何写文案、指导设计师如何画出好的产品图……后来，CTO（首席技术官）走了，市场总监走了，首席设计师也走了……

如果刘邦不善用人才，让人才发挥专长，什么事都自己来，那应该很难成为汉高祖，倒是很有可能在半途中累死。

用人不疑，疑人不用。这个"不疑"，指的是不怀疑他的人品，也不怀疑他的能力。因为用不用这个人，是前期的工作，应在选人时做出判断。

而选定以后，应该有一定范畴的放权，让他在总体战略下充分发挥才智。如果他没有做出让你满意的事迹，只能说明你没选对人。此时你可以选择留用但让他接受更多训练（假如他是可造之才），或者选择换人。

观棋不语真君子。你不是他，不知道博弈者的真正路数。指导前，可以先问，也许听完答案之后，你反而觉得之前是自己浅薄了。

相较于什么都要管，看谁都不满意，和谁都要较劲，对自己招进来的人才指手画脚的管理者来说，有些企业家在带领团队时，常说三个字："听你的。"听到这话的人，眼睛会立刻闪起光芒，仿佛受到了莫大的信赖、尊重和器重，接着超预期地完成了任务，以不辜负期待。当然前提是这些企业家了解他的团队成员具备这样的素质和能力，因为对一些素质和能力实在不足的，放权可能会把他们和他都毁了。

我希望别人对我也是如此。记得我在十年前对一个项目的一位合伙人说："我们要互信，即彼此相信对方的智商、情商、能力、品位，以及态度。"有这层互信存在，可以免掉不少唇舌解释，因为解释耗时、耗精力，而且可能很难解释清楚。之前反复说过："被误解是表达者的宿命。"互信能够弥补许多因表达不足而引起的误解。当然，信任不是要求了，别人就能给的，我得首先做到值得被信赖。

三、别着急发表意见

"It takes two years to learn to speak, and a lifetime to learn to shut up."（两年学说话，一生学闭嘴。）

和别人讨论问题，你要不要先开口呢？

我这么问，你们肯定会回答我："不要。"

可实际上，你真的能做到不先开口吗？太多人喜欢迫不及待地大谈特谈自己的观点了，非得把对方说服不可，对方甚至还没明确表态。

在这里分享一个让我颇受裨益的小心得。当我和团队针对营销创意以及策划方案进行"头脑风暴"的时候，即便我心中已经有了还不错的点子，我也不会率先开口。原因在于我是团队的领导者，也就是大家口中的"Boss"，我的想法很可能会对团队成员的思路和创新产生导向作用，让他们先入为主。所以我会先让他们尽情地畅想畅言，因为往往在这种情况下，说不定他们能够引领我发现一片全新的领域。而事实也多次证明，这样的做法是非常有效的。

说话就像对弈，先走的那个人既抢占先机，也暴露路线。选择抢占先机还是避免暴露路线，你得根据自己的能耐来决定。

一次，和中欧商学院的师生们晚餐，许多同学互相都不认识，自我介绍的时候，我恰好出去接了个电话，因而错过了这个环节。随后，一位EMBA学长开始给同桌的MBA学弟、学妹们分享起自己的创业心得。当他讲到一些让我深有感触的点时，我情不自禁地发出了共鸣："是的！"学长诧异地转头看向我，接着他又回过神继续讲述。随着话题的进一步延展，有一位MBA学弟提到自己需要投资帮助，我想到自己正好有朋友可以帮到他，便回应他这部分可以如何去操作。

这时，EMBA学长再次看向我，幽默地故意做出惊呼的样子说道："啊，我最怕你这样的人了，就像个什么都不懂的高中生坐在那里，一开口居然就要吓死人。"当然，学长这是谦虚的玩笑话，我也并没有厉害到真的能吓到他，聪慧的学长只是通过这种方式表达了一种现象，那就是：在还没有完全搞清楚在场的人员情况之前，先不要着急说话。

从这次经历中，我也更加深刻地体会到了在某些场合中，适时保持沉默、先观察了解情况的重要性。然而，说实话，其实我自己也并非在任何时候都能够很好地做到这一点。

除了别着急发表意见，也别急着对人下定论。我很怕别人在不了解事情全貌的情况下对我做出判断和评论，那么"己所不欲勿施于人"，我也尽量不去这么做。尤其是，了解别人的"全貌"是不存在的。

记得好几年前，我曾听过一位朋友诉说他的苦恼，当时他正打算换工作。我询问原因，他便讲述了这样几个场景：他作为刚进入公司两个多月的新员工，在参加一个讨论会时，轮到他发言，经理却表现得很不情愿听，总是跳过他去听取别人的观点，眼神也很少停留在他身上。还有一次，他去敲一位同事Mike的办公室门，刚进门喊了一声:"Hi, Mike……"还没来得及说其他的,Mike的表情就立刻绷紧,微微皱起了眉。在接下来的沟通中,尽管他表明了自己的来意,但Mike还是对他说的每一句话都隐隐表现出抵触情绪,仿佛在说"你懂什么,我真的好忙,拜托快点说完"。显然,他们在他还没开始讲话之前,就已经先入为主地认为"这样一个刚来的新人能带来什么有价值的观点呢?",所以自然就没有耐心再听他说什么了。

然而,结果出人意料的是,几个月后,他居然没有离职。原因是在一次项目研讨中,从新加坡来的亚太区总监逐一听取各部门的建议,这位朋友的见解有着充分的依据支撑,并且经过了严谨的分析,从其他那些无关痛痒的观点中脱颖而出。

由此可见,管理者至少应该给予他人一次机会,认真听他把话说清楚。我们在生活和工作中也常常会遇到类似的情况,所以不要轻易地对一个人下结论,要多给他人一些展示的机会,也许会有意外的收获呢。

四、说话做事前,先搞清状况

我有一次去参加会议,结果快迟到了。因为路上特别堵,而且怎么也叫不到车,无奈之下只好去搭地铁。朋友安排他的司机到地铁口接我,然而司机找了足足20分钟都没找到路,他因此非常气愤。终于接到我后,司机回头看了我一眼,看到我素面朝天,穿着休闲装,还背着个双肩包,就开始冲我发脾气,质问我为什么不走到另外一个出口等他。我只是淡淡地回应他:"专心开车,不要说话。"没想到司机更加生气了,大声吼道:"我不能说话?那你滚下去。"我听后便不再理会,安静地闭上眼睛休息。等到开完会,回程的时候,我正准备上车时,朋友下意识地把他平时坐的主人位置让给了我,自己绕到左边上车去了。如此,司机再也没有说过话,也再没回过头看我了。

我自己也有一次尴尬的经历。十年前,有一次我去北京出差,和几位朋友一起聚餐,当时是朋友带着各自的朋友,所以餐桌上大部分人我都不认识。聚餐时大家聊得热闹,有位友人问我:"你之前两本书是什么出版社出的?"我稍微想了一下,那两家出版社都挺有名气的,于是便很天真地脱口而出:"说出来吓死你们。"结果全桌人哈哈大笑,原来坐在最边上默默吃着面的那位友人,竟然是中国最大的线上图书商城的联合创办人。从那以后,我在朋友那儿就多了个绰号,叫"吓死你"。

Cherry在一家外企的基层岗位工作,性格直率,有时做事考虑不够周全,还特别容易对事物过度解读。在一次初中校友聚会的自由茶歇时间,她讲述起了自己和部门同事Ada的故事,而且还用上了一些刺耳的评价。她的抱怨如下:

"Ada很精明,只挑对自己有利的事说。她的通勤时间明明只要15分钟,她非要说成半个小时。

"工程师填错单子，之前开会明明说好不给改，让重填。可工程师说：'为什么Ada能改，你这里不能？'所以工程师都跟Ada交好。这改单的事虽小但容易得罪人，我最后就装糊涂也给改了。

"Ada老是踩着我们凸显自己。

"Ada老是说自己忙，我看她一点都不忙。

"Ada之前养了只小比熊，宠得哟！从来不让它进笼子，养成了个习狗！

"我跟你们说，我觉得跟Ada交好的人都不太喜欢我，你们说这是什么道理？以前都好好的。"

……

总之，从Cherry的表述来看，她觉得Ada阴险，总是在背后搞事情，有时还会暗算她。可奇怪的是，同事们都很喜欢Ada，而她自己在公司发展无望，正在找新工作。

我问她："你得罪过她吗？"

Cherry回答："梁子是做助理的时候结下的。我2009年毕业，从2008年就开始在公司实习，那时我俩都是助理，而且是同龄人，我们互相竞争。我当时一心想被留用，总归有些时候要表现得出彩……"她们共事的画面在她的描述下仿佛近在眼前。

她接着说："她2009年毕业就转正了，而我毕业一年后，也就是2010年才转正。"她继续倒苦水，"2008年、2009年经济形势很差，当时人事转正升迁事项都处于冻结状态，她等不及要转正，去找高层，她只有大专文凭居然就转正了！后来我才知道，原来那个高层是她亲戚！怪不得之前我跟主管说她工作出错，主管都不说她！以前老板对我有意见，肯定是她总在老板面前说我坏话。我刚转正的时候天天加班到晚上10点，麻烦事当然多了。"

我听完很惊讶，心想：你说话做事，也不先搞清楚对方是谁啊？

我问："你毕业后还继续留在那边实习？"

Cherry说："嗯，实习了半年，也转正了。所以她恨死我了，机会好得让她嫉妒。"

我又问："不同岗位？"

Cherry回答："一样。不过我是本科毕业。"

我接着问："岗位一样，那她干吗恨你？"

Cherry说："她转正半年就升职了，大家都很震惊。好不容易高我一头，可以差遣我了，可我转正后没几个月，又跟她平起平坐了。"

这……主观色彩好强烈的描述……

我心想：有没有可能Ada只是你的假想敌？对方会不会根本没有把你当对手？

一句流传较广的俗语是这么说的：乞丐不会去嫉妒百万富翁，但他们会嫉妒那些运道稍微好些的乞丐。

五、一次性把事情做对

不知在哪本书上看过这样一个观点，"复述对方的表达"可以提高沟通效率，实践发现这确实让整个流程有效率很多。

"Hi，你可否做一份方案，把艺术村的规划按照时节分四季，另外按照功能将板块分为舞台剧馆、电影馆、动漫馆、主播馆吗？"

很多人在听到一个指令的时候，通常会说"好的""没问题"，然后便开始行动。方案做完提交后，老板说："不啊，我要的不是这样的。"于是，再改。

为什么当听到指令的时候，不花30秒复核一遍呢？比如可以这样说："嗯，老板，你说的意思是不是分两个维度，一个是时间维度，设置四个主题，春、夏、秋、冬；另一个是空间维度，设置四个功能场馆？"

"是的。"

如此，前期这样重复一遍，虽然看起来有些啰唆，但总比在还没有确认自己理解得一定清晰明了之前，就花费大量时间、精力和机会成本去做一件可能不对的事情要好太多。

好多人把前期的复核看作是"浪费时间"，然而实际上，这种所谓的"浪费"与因方向错误、南辕北辙所导致的浪费相比，简直微不足道。要知道，当你复述一遍别人的话时，一方面能够帮助自己确认是否真正准确理解了对方的意思，进而提高任务圆满执行的效率；另一方面，这一行为还能让表述方深切感受到被重视和尊重。毕竟在很多情况下，我们常常自以为理解了，但实际上对方所表达的或许是另外的意思。不得不说，沟通与理解并非一件容易的事情。这世上并非每个人都能够清晰地表达出自己真正的意图，同样，也并非每个人都能准确无误地听懂别人所表达的意思。所以，前期的复述环节看似简单，却在沟通和任务执行过程中起着至关重要的作用，我们不应忽视它的价值。

同样的，在前期做事的时候仔细一些，尽力避免粗心大意，多检查一遍相关的内容或步骤，这样的做法远远好过一直做到最后才惊觉前面的步骤存在错误，进而不得不推倒重来，如此会耗费大量的时间、精力以及资源进行返工。

我们要知道：补救是需要付出成本的！

这种成本可能不仅仅是物质上的消耗，还包括时间成本的增加、工作进度的延误以及可能由此带来的心理压力等。

我特别怕听到员工说："啊，我没想到！""啊，我忘了！""啊，这事怪我，我疏忽了！"

如果知道自己记忆力不好，那就应该学会随手记，然而偏偏总有人懒得去记。知道自己转身就会忘记事情，那就应该随手处理，却总有人偏偏不及时处理。知道自己时间管理能力差，那就列清所有要处理事项的轻重缓急程度，然后按优先级依次处理，但总有人喜欢以各种借口拖延或者忽视计划的重要性。

这样的行为模式只会让自己在工作和生活中陷入越来越混乱的局面，不断地积累问题和压力。明明知道正确的方法，却因为自身的惰性或者不良习惯而不去践行，最终只能承受效率低下、任务积压带来的后果。

格局：想当将军，就别用兵的思维

林徽因说："温柔要有，但不是妥协，我们要在安静中，不慌不忙地坚强。"

看到这句话的时候，我正巧在日内瓦的一座高台上，路人告诉我这个高台以前是给女王用的。女性优势是化百炼钢为绕指柔，我们可以"温柔而坚强"地成为生活的女王。

政大上海校友会的荣誉会长Cindy学姐就是这样，温温柔柔却"四两拨千斤"地号召校友会的义工们把一个个任务漂亮地完成。

有一张图让我印象极为深刻，画面中弱小的唐僧悠然地骑着白龙马，而他的身后则是画风呈暗黑系的身材巨大的三位徒弟。我由衷地喜爱这张图中对唐僧的解读：他以一种"最轻描淡写"的姿态，将那些如同"妖魔鬼怪"般难以驯服的力量收归麾下，让强大的"妖怪"一路伴随自己踏上取经之路。

创业，恰似在这样的情境中不断前行，它就像是在"打怪"中修炼，每战胜一次困难，就如同完成一次升级。

你是将军还是兵？
你是老板思维还是员工思维？

遇到问题，老板思维的人想的是"怎么快速解决"，员工思维的人想的是"这是谁的责任"。

面对挑战，老板思维的人想的是"如何转化为机遇"，员工思维的人想的是"这太难了我做不到"。

谈及目标，老板思维的人想的是"怎样全力达成"，员工思维的人想的是"这是不是要求太高了"。

在困难面前，老板思维的人想的是"找出突破路径"，员工思维的人想的是"我感觉我不行"。

在决策时刻，老板思维的人想的是"考虑长远利益"，员工思维的人想的是"这要怎么做"。

在团队协作，老板思维的人想的是"发挥各自优势"，员工思维的人想的是"我只负责我的部分"。

当有任务下达，老板思维的人想的是"制定高效计划"，员工思维的人想的是"我需要更多时间"。

当资源有限时,老板思维的人想的是"优化资源配置",员工思维的人想的是"这怎么可能完成"。

当面临竞争时,老板思维的人想的是"打造独特优势",员工思维的人想的是"对手太强大了没办法"。

思路决定出路。老板在思考"如何解决问题",如何"在供应链上省成本,在价值链上创价值"。而员工则更多在思考:这个问题应该是谁的职责、谁去做、不该我做、我不会、做不好要担责任……不过,这只是在二者思维差异上的普遍化概括,实际情况中个体差异很大,并非所有老板和员工都符合这些表述。再者,这里只是阐述差异,不是比较优劣。而且,了解两者差异,在某种程度上,也有助于我们在工作场景或者其他相关情境下,站在对方的视角去看待问题。多一点理解总比多一点对立好。

曾有一位朋友来向我咨询一个问题:"我想换办公室,之前已经从陆家嘴搬到了静安区,这次搬,你给我推荐一个地方。我主要想知道员工们会希望在什么地方办公。"

我笑着回答道:"哈哈,员工们可能希望'事少、钱多、离家近'。最好上下班走路就能到。办公楼还得豪华。"

以前在企业上班的时候,我常为怎样才能在极少的预算下调动资源把品牌打出去伤脑筋。专注于这个目标,可能会忘了下班时间，也经常在晚上睡觉前大脑还止不住地高速运转，思考方案。也会因和老板意见相左而据理力争。

我看到过很多同事上班时间打游戏，一瞄到领导靠近，就切换屏幕窗口。这引发了我对于工作态度和职业素养的思考，当我和友人交流到这些工作中的现象时，他说："老板在和不在状态不一样的人自制力跟一些小学生差不多。不过，大部分人都是这样的吧。"我说："我不想这样。"他说："那你何必？"我回答："所以我现在自己当老板了呀。"友人突然明白了，点了点头。

我曾接手过一个项目团队，其中原本在那儿的管理者是一位比我年龄大、个性刚毅的男生，但学历和能力称不上优秀。他以一米八的大高个俯看着我说："我不加班的。"然而在实际工作中，他做事常常虎头蛇尾，逻辑时不时就出现漏洞，还常有疏忽，有着"大男人"的执拗，盲目相信自己以往的经验，对于他人的意见与建议总是条件反射般抵触……每次他开始出现负面情绪和抵触情绪时，我都得帮他梳理一遍思路……

作为他的新老板，为了团队和公司发展，我劝导他要真正做到谦虚，悉心地四处求教，快速地掌握方法论，并将其融化为自己的知识和本事，把事情漂亮地处理好。我告诉他："不要每次跟你说完，都是间歇性踌躇满志，然后又回到老样子。"因为改正的真正原动力在于，他要切实地意识到自己有许多不足和可以进步的空间，而且改进的地方要落实到位。毕竟改进的阻力在于，他没有花费时间去弄明白事情内在真正的逻辑，所以只是改变表面，而未触及根本。我还对他说："如果我像你对我一样对待我的那些良师益友，那我就根本成不了他们赏识的人。人脉集聚，根本就不是简单地认识人而已。"

之前常说到的方法论，比如如果觉得自己时间规划能力不足，就把要做的事都列出来，然后决定哪些事情先做、哪些事情后做、哪些事情可以同步做，不要误事。

抛掉"我做了哪些事，没有功劳也有苦劳"的思维，应该想：怎么把事情处理好。因为后者是"价值论"。

有一次，他与他的团队在办公室里谈论关于"快车司机每个月能挣几万"的话题，我恰好经过，听到一位同事感慨道："那我还是去开快车好了。"但其实她那时并不会开车。

办公室里还时不时会出现对于我们几个股东的议论以及项目合作伙伴们的八卦……

在他们整个团队被最终换掉之前，我鼓励他们去与其他优秀的人探讨和请教处事的方式，而不要几个人聚在一起一边"爆粗口"，一边用自己的理解去揣测那些莫须有的事情，不然办公室就真的变成了"逛不完的菜市场"，成为一个跳不出的狭窄圈子。还会影响团队新来同事的士气。

老板希望大家来"解决问题"，而不是"制造问题"。

很多人总是在思考一些鸡毛蒜皮的事，这里需要注意，"鸡毛蒜皮"和"细节"是不同的，细节是对事态有影响的事情，虽然微小，但不能被忽视。所以细节是很重要的，而"鸡毛蒜皮"则是"非重点"。

我们应该学会区分这两者，把精力更多地放在重要的事情和关键的细节上，避免在无关紧要的"鸡毛蒜皮"上浪费时间和精力。

《巴黎吧哩》有一期的话题是"老板傻，要不要告诉他"，最后的"言艺talk"，我们总结老外们的见解：首先搞清楚是自己傻还是老板傻，因为可能是你没有站在老板的角度考虑，他没把做事的逻辑解释给你听，你理解不到位，所以，傻的可能是你自己。

若真的遇到了傻老板，你就找机会告诉他你的建议，他若能理解，便皆大欢喜，若不能，你要么选择继续工作，要么换部门，要么离职。

想象一下，有两位同事，一位是非常有自律精神的人，他深知自己的每一个决定都会影响自己的未来。因此，在工作中，他总是力求做到最好，对待每一个项目都全力以赴。他知道，只有通过不断的努力和精进，才能在职场上取得长远的成功。另一位则不同，他更倾向于即时的满足和短期的成果。他经常在工作中寻找捷径，对于长远的规划和持续的学习并不感兴趣。每当项目出现问题时，他总是抱怨运气不好，而不是反思自己的行为。几年后，前者因为一贯的勤奋和专业，逐渐晋升为公司的管理层，而后者则因为缺乏持续的努力和责任感，始终停留在原地。

再比如，有两位同事，一位是热心肠，他总是乐于分享自己的知识和经验，经常帮助其他同事解决工作中遇到的各种问题。他知道，帮助他人不仅能提升团队的整体效率，也能在公司中建立起良好的人际关系和合作氛围。因此，每当同事向他请教时，他总是热情地伸出援手，耐心地给予指导和建议。另一位则不然，他总是计较个人的工作量和利益得失，不愿意参与团队的协作和互助活动。他害怕自己的付出得不到相应的回报，因此总是对他人的请求敷衍推脱甚至视而不见。几年下来，前者因为他的友善和专业能力，在公司中赢得了同事们的尊重和信任，也获得了更多的合作机会和职业发展空间，而后者则因为缺乏团队合作精神和贡献，逐渐被团队边缘化。

当兵需要纪律，当将军也需要纪律。但无论哪个角色，一旦拥有自律的品质，必将所向披靡。自律不仅仅是对自己的约束，更是一种对生活的深刻理解和对未来深思熟虑后的选择。

当然，当兵和当将军，没有哪种选择更好的分别。只是，若是想当将军，就别用兵的思维。

心态：这世界就是你和自己的一场游戏

  人这一生，从来都是一个人的旅程。往来都是过客，沿途皆是风景。

  从出生到死亡，我们每个人的意识和体验都是独一无二的，没有人能完全替代我们去感受生命中的喜怒哀乐。即使身处人群中，我们内心深处的某些思考、恐惧和梦想也只有自己能够真正理解。在人生之旅中，我们会遇到各种各样的人，有的只是匆匆擦肩而过，有的可能会陪伴我们一段时光，但最终都可能由于各种原因而离去。这些风景丰富了我们的生命，给予我们快乐、感动和成长。二人行必有我的"缪斯"，因为所有出现的人，其实都是我们的镜子。

我们所感知到的世界，很大程度上是由我们内心的认知和观念所塑造的。就如同在一场游戏中，游戏规则虽然存在，但玩家如何体验和应对是基于我们自身的思维和态度。在现实世界里，我们对事物的喜好、厌恶、追求等情绪和行为，都源自内心的驱动。我们认为某些事物有价值，便努力去获取；觉得某些情况不如意，就产生烦恼。

这就好比我们喜欢一个人，在我们眼中，他似乎是完美无缺的，但实际上，这种美好更多的是源自我们内心的主观感受和认知，是我们内心的"觉得"赋予了他这种理想化的色彩。智者说："每个人都是情绪、认知的累积，由自我感觉构成了你的认知。这些认知恰恰是你的有色眼镜，当你戴着这个眼镜，所见并不是世界的如实呈现。"所以，我们内心投射出来的人和世界，其实就是我们那一团团的情绪和感觉。

世间万物一直在变啊变啊，有生有灭，又生又灭，没有永恒不变的实体。我们所执着的名利、财富，哪怕亲情、友情、爱情，也在经历着无常的变化。

生活就是，有时你冷了，别人正好为你披上外套，可最终，你得把外套还回去，独自走自己的路，所以，不必贪恋那一时的温度。

在这纷繁复杂的世界上，我们所经历的种种，无一不是过去行为和心念所产生的结果，而我们当下所做出的每一个行为以及每一次选择，又会对未来的境遇产生深远的影响。就如同在一场游戏中，我们每一次的决策和行动都会引发不同的后续情节和结局。

所以，我们就是自己命运的创造者和主宰者啊，世界就是一场我们自己参与并主导的漫长游戏。

不禁回忆起高中时的一位同学，他平日里的学习成绩在班级中处于七八名的位置，处于一种相对平稳但也缺乏突破的状态。然而，在一次期末考试中，仿佛命运之神对他格外眷顾，诸多幸运的因素奇妙地交织在一起：数学试卷中那些常常令他望而却步的大题，竟然恰是他之前曾经做过的题目；英语试卷中他一直以来的薄弱项完形填空，此次居然有着高达八成的正确率；更难得的是，语文作文也获得了相当不错的分数，要知道作文一向是他的弱项。

凭借着这些幸运的加持，他在那次考试中一举夺得全班第二名的优异成绩。这次意外的成功，如同一个关键的转折点，让他从此坚信自己的好运已然降临。

甚至我记得一次下课，他打开一瓶雪碧，盖子上居然写着：中奖"香港往返机票"。

此后，他不断地给自己积极的心理暗示，仿佛为自己的学习之路注入了一股强大的动力。神奇的是，他越复习越觉得知识变得更容易理解和掌握，在高考前的几次模拟考试中，他都稳稳地占据着班级前三名的位置。

高考时，尽管他距离自己填报的第一志愿复旦大学的分数线还差20分，但因为他在高三时凭借自身的努力荣获了"市三好学生"

的称号，恰好可以获得20分的加分。最终，他顺利地进入了复旦大学，并且又因为其他的加分政策加了10分，成功进入了自己梦寐以求的专业。

他身上这一系列看似幸运的事件背后，实则是心态与信念所发挥的巨大力量。积极坚定的信念，如同吸引美好事物的磁铁。当他从内心深处相信自己能够取得成功时，整个世界似乎都在为他助力。

有一位女生则是与之相反的境遇，虽毕业于名牌大学，具备一定的能力，也深谙许多为人处世的道理，然而，在求职的道路上，她屡屡遭遇挫折，仿佛陷入了一个无法挣脱的困境。毕业三个月后，她才好不容易找到了人生中的第一份工作，但命运似乎并未对她展现过多的眷顾，在接下来的一年内，她竟然连续被三家公司辞退。被辞退并非因为她不努力，或者在工作上犯了什么错误。所以，她感到迷茫与困惑。每次见到她，她都一直习惯性地叹气，像是把"倒霉鬼"三个字写在了脑门上。

我感觉，也许我们的心态就是一个无形的气场，影响着我们周围的能量流动。当我们内心充满平和、积极向上的力量时，便能如同吸引阳光的向日葵一般，吸引着好运与机遇纷纷向我们靠拢；而当我们内心充斥着消极抱怨的情绪时，就仿佛在自己周围筑起了一道高墙，将美好的事物拒之门外。

很多东西是藏不住的，比如发自内心的笑、眼神里的希望。

当我们以积极乐观的心态去看待这个世界时，世界也会回馈我们以美好和温暖；而当我们以消极悲观的态度去对待生活时，世界在我们眼中也会变得黯淡无光。

出发是为了制造旅程。
到达由旅程堆叠而成。
所有的流逝都是永恒。（此"永恒"非彼"永恒"）
如果没有今天，明天怎么会有昨天。从办公室窗口看出去，那些忙忙碌碌的人，脚下踩的大概就叫理想吧。

当我们细细观察周围的人群时，发现有些人总是神采奕奕，仿佛浑身散发着一种独特的魅力，无论做什么事情都显得潇洒自如、志得意满，他们的世界仿佛充满了温暖的阳光和无尽的希望；而另一些人则总是显得灰头土脸，仿佛被一层阴霾所笼罩，无论做什么事情都似乎诸事不顺，甚至连喝水都能呛到。

然后，当我们将目光转向自己，静下心来审视此时的自己，思考我们究竟是处于一种什么样的心态。

我的30岁，柔软也强大，纯真且练达，憨直亦果敢，领悟了很多也不断学习着更多。与"经历抑郁症后，通过学习智慧文化从而改变命运的人"不同，我是从另一个方向来的——傲慢。因为不想在某一天跌入深渊，所以及时抱紧了智慧文化并开始学习。它真正让我有了思维方式的改变、价值观的重塑和自我认知的深化。

经过修炼，我的情绪管理能力有了显著提升，家人和同事都对我的变化感到惊叹。进而，我的人际关系也不再是以自我为中心的模式了，因为那种状态其实非常不稳定，我也时常会得罪他人、得罪客户，尽管别人可能敢怒不敢言。智慧文化也教我明白，每一次挫折都是一次成长的机会，背后可能蕴含着我自身需要改进的地方，或者是对我未来发展的一种启示。于是，我能够更加从容地应对生活中的各种挑战，做出更加明智的决策。

墨子攻说："我觉得生命生活每时每刻都是半杯水，能看到有半杯水而满足的人是快乐的，能看到空了半杯而宽容甚至兴奋的人，是真正幸福的。"是啊，以这样一种豁达乐观的心态去看待生活中的点点滴滴。学会感恩并珍惜我们已经拥有的一切，同时以宽容和乐观的态度去面对生活中的不足。当内心充溢着满足感和希望时，无论外界的环境如何变化，我们都能够保持从容淡定的心态，不为外界的喧嚣所干扰，不为世俗的诱惑所动摇。

《西游记》中言："念念回首处，即是灵山。"唐僧问孙悟空，如何才能到达遥远的灵山。孙悟空回答说，即使一个人从年轻走到年老，再从年老回到年轻，如此循环千百次，也难以到达。但只要一个人能够认识到自己的本性，并且保持真诚的心，那么每一刻回首的地方，就是灵山。原文中用的是"见性志诚"四个字，它和王阳明心学的核心命题之一"知行合一"相辅相成，一方面要求我们有深刻的自我认识和诚实态度，另一方面要求我们将这种认识和态度落实到心行。

生活中布满了各种各样的无奈与待解的课题，我们都在摸索和学习。

单身的朋友们，常常怀揣着对爱情的美好憧憬，每月习惯性地查看星座运势，仿佛在那神秘的星象中寻觅着爱情降临的蛛丝马迹，期待着那个能与自己携手一生的人在某个不经意的转角出现。而那些渴望在事业上一帆风顺的人，则会在办公室里摆放一棵发财树，以此寄托自己对事业成功的美好期许。有人在漫长的等待中渐渐陷入焦虑的泥沼，而有人则始终满怀希望，坚定地迈向前方。

眼看着团队里涌入的"00后"，个人风格自成一派，脸上洋溢着满满的胶原蛋白，这都能让我晚上忍不住对着镜子照好几遍，然后赶忙进行脸部按摩，试图对抗地心引力。过去，我在圈子里一直是年龄最小的人，得意于听到大家"哇，你那么年轻"的惊呼。然而现在，年轻的优势已经越来越不明显了。这就是我当前正在面临的新课题——衰老。"00后"们已经在被催婚，我便不折不扣地成了"古董"。

有一位中欧商学院的朋友跟我说："我的两个女性朋友，都40多岁了，单着。突然，命运却巧妙地扭转了局面，为她们开启了意想不到的篇章。一个是特别强势的女人，居然遇上一个就喜欢她这种类型的西班牙男人，现在生活得非常浪漫。另一个也是女强人，现在定居新加坡，她也遇到了真命天子，两个人满世界逛，吃好吃的，她胖了不少，可是老公完全不在意，两人继续一起在全世界找好吃的。"

所以，无常并不一定是坏的。无常意味着变化，这也就意味着：好的状况有可能会向不好的方向转变；然而，不好的状况，同样也有机会向好的方向发展。我们要有信心和希望。

有人说"我想要简单"。其实，简单才是最难的。你可以自由地不见不想见的人，不喝不想喝的酒，过上经过思考、选择后的让自己的心灵长久处于喜悦与安宁的生活。

这本书叫《自律力：做自己的船长》，想要简单，必先自律。自律，是选择，也是获取选择权。

比如，你可能会在晚上抵制住诱惑，不去吃那些高热量的零食，而是选择健康的饮食。这种选择可能在当下看起来并不那么吸引人，但从长远来看，它能够帮助你保持健康的身体和良好的精神状态。

或者，你可能会在周末放弃睡懒觉的舒适，选择早起去锻炼身体。这种选择需要克服惰性，但它能够带给你更充沛的精力和更高的生活质量。

或者，你可能会在工作日的晚上，放弃那些无意义的娱乐活动,而是选择阅读或学习新技能。这种选择可能在短期内看起来有些枯燥,但从长远来看,它能够提升你的专业能力和竞争力。

再或者,你可能会在闲暇时光,放弃一些碎片化的消遣,选择学习圣贤智慧文化。这种选择在一开始或许不如轻松娱乐的活动那样令你惬意,但当你从中受益之后,就会对人生越来越有信心。这种喜悦是稳定且平和的,从长远来看,它能够开启我们内在的智慧,让我们以更豁达、通透的视角去看待生活中的种种境遇,进而提升我们的思想境界,为人生指引方向。

心态和信念,在于自己。最终这个世界,就是你和自己的一场游戏。通过这场游戏,我们有机会认识自己、超越自己,最终走向内心的平静与自由。

懂人,懂事,懂规则;
轻松,快乐,有希望;
从容,花香,有暖阳;
要爱,要美,要"开挂"。

是的,祝福我们:要爱,要美,要"开挂"。

注明1：书中对事例以及其中所涉及人物的描述存在文字加工的情况，而且这些描述可能仅仅局限于我所看到的部分，一定不是他/她的全部。

注明2：如果有一天你们对我失望了，切勿让自己远离圣贤智慧文化，你们应该远离的仅仅是我这个人。圣贤智慧文化是历经岁月沉淀的瑰宝，蕴含着无尽的智慧和力量。无论我个人表现如何，都不应成为你们与这博大精深的圣贤智慧文化之间的阻碍。